英文学者がつぶやく

英語と英国文化をめぐる無駄話

安藤 聡

Satoshi Ando

平凡社

英文学者がつぶやく　英語と英国文化をめぐる無駄話

はじめに——英語とは何か

本書は英語とその背景についての割とどうでもいい無駄話や雑学を集めたものである。どうでもいいとは言っても、英語・英文学・英国史・英国文化などに興味のある方にはそれなりにお楽しみいただけると思う。話を始める前に、英語の成り立ちについて少しだけまとめておきたい。

英語にはおよそ千数百年の歴史がある。五世紀初頭にアングロ＝サクソン人（アングル人、サクソン人、ジュート人の総称）が現在のイングランド（「アングル人の国」の意）に相当する地域に定住した際、彼ら彼女らが話していたアングロ＝サクソン語（ゲルマン語の一方言）が現在の英語の原型となる。各地に群雄割拠していた数々の小王国から、やがて七つの王国（the Heptarchy）が形成された。例えばウェセックス王国は「西のサクソン人の国」、サセックス王国は「南のサクソン人の国」、エセックス王国は「東のサクソン人の国」という意味の国名だ（サセックスとエセックスは現在のイングランドの州名に残っている）。九世紀初頭にキリスト教が全土に普及してアルファベットやラテン語がもたらされ、十世紀後半に全国統一がなされた。

十一世紀中葉の一〇六六年にフランス北部のノルマン人が襲来して、イングランド王ハロルド二世を討ち破ったノルマン人公爵ギヨームがウィリアム一世として即位した（いわゆる「征服王ウィリアム」）。こうしてイングランドはノルマン系（フランス系）の王族・貴族に支配されることになり、宮廷や法廷での公用語はノルマン語（フランス語の一方言）になり、アングロ＝サクソン語はフランス語の影響を受けて大きく変化することになる。英語史ではノルマン人による征服（Norman Conquest）を時代の区切りとして、四五〇年頃から一一〇〇年頃までの英語（アングロ＝サクソン語）を「古英語」（Old English: 略称ＯＥ）、一一〇〇年頃から一五〇〇年頃までの英語を「中英語」（Middle English: 略称ＭＥ）と称する。

例えば「牛」はcowだが「牛肉」はbeef、「豚」はpigだが「豚肉」はpork、「羊」はsheepだが「羊肉」はmuttonというように、英語では動物（家畜）と食肉（料理）を指す言葉が異なる。これは被支配者であるアングロ＝サクソン人が家畜の世話をして、支配者のノルマン人が出来上がった料理を取り澄まして食べるという図式が、イングランドのあちこちで成立していたことと関係する。動物を表すcow（bull、oxなども）、

pig（hog、swine なども）、それに sheep、deer などはすべてアングロ＝サクソン語起源の語彙であり、食材を表す beef、pork、mutton、venison はいずれもノルマン＝フランス語に由来する。また、英語には同じような意味の単語が複数あったりするが（buy と purchase、house と residence など）、概して短くて簡単な方がアングロ＝サクソン語由来、長くて難しい方がフランス語経由の、あるいはそれ以前にキリスト教とともに伝来したラテン語由来である。

古英語時代（特にキリスト教以前の時代）にはルーン文字が使われていて、古英語は文法体系も現在の英語とは全く異なるので、書かれた文章を見ても英語とは思えない。試しに作者不明の叙事詩『ベオウルフ』（八世紀末頃）から数行を引用してみると、álegdon ðá tómiddes mærne þéoden / hæleð híofende hláford léofne· / ongunnon þá on beorge bælfýra mæst / wígend weccan: wuduréc ástáh / sweart ofer swioðole swógende lég / wópe bewunden というように、専門家でなければ解読は不可能である（ちなみに、竜と戦って戦死した英雄ベオウルフを戦士たちが荼毘《だび》に付して涙する場面）。連続または近接する複数の単語が同じ音で始まっていること（alliteration: 頭韻）にも注目したい。

中英語になると今の英語に近くなり、類似した単語から推測して読むことも不可能ではなくなる。「英詩の父」と称されるジェフリー・チョーサーの『カンタベリ物語』

（一三八七頃）の「総序（General Prologue）」の冒頭四行を読んでみよう。Whan that Aprill with his shoures soote / The droghte of March hath perced to the roote, / And bathed every veyne in swich licour / Of which vertu engendred is the flour; という具合で、shoures soote は sweet showers すなわち「心地よいにわか雨」、perced は pearced「貫通した」、flour は flower「花」など、言われれば納得できるのではないか。「四月がその心地よいにわか雨で、三月の乾きを根元まで貫いて、あらゆる静脈（veyne = vein）をその液体（licour = liquor:「その液体」=「心地よいにわか雨」）で浸し、その力で花を生み出した時」と言っているのである。発音は「ホワン・サット・アープリル・ウィス・ヒス・シューレス・スーテ」のように今の英語と全然違うが、文字で読むことは少し勉強すれば十分可能だ。チョーサーの時代は英仏百年戦争の時代でもあり、相変わらずフランス系の王朝が続いていたもののフランスは敵国であり、宮廷の日常語もフランス語を避けて英語を使うようになっていた。だからチョーサーもこの作品をフランス語でもラテン語でもなく英語で書いたのである。また中英語の頃から行末の音を揃える脚韻（rhyme）という技法が使われるようになった（この例では soote と roote、licour と flour）。

中英語の時代を一五〇〇年までとする理由は、一四七六年にウィリアム・カクストンがロンドンに印刷工房を開いて活版印刷をイングランドに導入したからである。これによって綴りや文法がある程度整理されたので、その影響が定着した一五〇〇年頃を英語史上の区切りとする。その後、十七世紀前半に『欽定訳聖書』が出版され、シェイクスピア全集も編纂され、十八世紀中葉にサミュエル・ジョンソンの『英語辞典』が完成して、漸次的に現代英語（Modern English：略称 Mod E）が確立した。こうして出来上がった現代英語は、英国が植民地を増やしたことで、世界のあちこちで使われるようになった。

アメリカ合衆国で英語は独自の発展を遂げたため、イギリス英語とアメリカ英語には顕著な違いが見られる。日本の英語の教科書はアメリカ英語が主流なので、むしろ本家のイギリス英語の方を奇異に感じる英語学習者も少なくない。例えば centre と center、colour と color、pyjamas と pajamas など、特定の単語の綴りが英米間で異なる（前者がイギリス英語、後者がアメリカ英語。以下同様）のみならず、lift と elevator、autumn と fall、trainers と sneakers など、同じものを指す単語が異なる例も多い。自動車の前部の「ボンネット」（bonnet）はイギリス英語（米では hood）、後部の「トランク」（trunk）はアメリカ英語である（英では boot）。さらに、subway（地下道／地下鉄）、corn（穀物／トウモロコシ）、pants（パンツ／ズボン）など、同じ単語が別なものを指す例も枚挙に暇がない。発音が異なる例も多く、either は「アイザー」と「イーザー」、schedule は「シエデュール」と「スケジュール」、tomatoは「トマートウ」と「トメイトウ」である。

発音に関しては特定の単語に限らず全体的に異なる点が多く（英では音節尾のrが発音されない、米では語中のtが弱くなる、また概して抑揚が異なるなど）、テレビの子供番組などは吹き替えることもあるという。出版物でも特に児童文学は英米間で大幅に改訂されることが多く、『ハリー・ポッター』シリーズでは主人公ハリーらがロンドンのキングズ・クロス駅で、英国版ではtrolleyに、米国版ではcartに荷物を積んで、九と四分の三番線に続くアーチに突入する。ウィーズリー夫人（ロン、ジニーらの母）はクリスマスになると英国版ではjumperを、米国版ではsweaterを編む（ただし「母」mumだけは作者の希望で米国版でも米国式のmomではなく英国式のmumになっている。確かにウィーズリー夫人はmomというイメージではない）。このようにイギリス英語とアメリカ英語には様々な相違が認められるのだが、本書ではイギリス英語に特化してお話しする。

英語学習の初歩の段階で誰もが困惑した記憶があると思うが、英語は実に不規則で不可解な言語である。文法は例外ばかりで、基本的な動詞ほど不規則に変化するものが多い。例えばgoの過去形がなぜwentなのか、疑問に思ったことはないだろうか。実はwentはもともとgoではなく類義語wend（「行く」の意）の過去形だったのである。中英語の時代（十三世紀頃？）にwentがgoの過去形として定着して、原形のwendはいつしか（文語を除いて）廃れたのであった。あるいは「抱える」、「耐える」、「産む」の意味の bear の過去分詞形は基本的に borne だが、「産む」の意味の受動態で by〜を伴わない場合に限って born になる、という法則がある。しかしながら、bear の受動態と言えば She was born in Oxford. のように born の形を見かけることが非常に多いため、何となく bear の過去分詞は born と覚えてしまっている人も多いのではないか。英語にはこのような奇妙な法則（むしろ「例外」と言うべきか）が散見されるのだが、なぜそうなのかと問われれば「慣用」あるいは「長年にわたる自由奔放な変化の結果」と答えるしかない。こういった不規則性や不可解さは英語の難しさでもあり、また面白さでもある。英語の様々な局面や、その背景となる英国文化の諸相について、気の向くままに書いた雑文を以下にお届けする。なお、固有名詞のカタカナ表記は原音・原綴重視を原則とし、一部を除いて慣用には従わない。

英文学者がつぶやく　英語と英国文化をめぐる無駄話—目次

第1章 奇妙なイギリス英語の世界

虹の覚え方、あるいは薔薇戦争

　スコットランドには驟雨《しゅうう》が多い。突然降り始めた雨がいくら激しく降っていても、すぐにまた止んで青空が見えたりする。だから割と頻繁に虹を見ることが出来る。

　スコットランド北西部はハイランズ地方と呼ばれ、山岳と渓谷が連なる風光明媚な一帯である。ここには車窓風景が美しいことで知られる長距離ローカル線が二つある。グラスゴウからロッホ（Loch：湖）・ロウモンドの畔を駈け抜けフォート・ウィリアムを経てマレイグまで行くウェスト・ハイランド・ラインと、インヴァーネスからカイル・オヴ・ロッハルシュまでのカイル・ラインがそれだ。所要時間は前者が片道五時間半、後者が二時間半だが、これだけの時間を車中で過ごしてもまったく退屈することはない。私はかつてグラスゴウとインヴァーネスからそれぞれの線に日帰りで往復乗車したのだが、その往復十一時間と五時間ずっと車窓風景を眺めるだけでまったく退屈せず、いずれの場合も早朝の出発で寝不足だったにもかかわらず車中で一睡もしなかった。ちなみに、いずれの線も列車は一日に三往復程度しか走らない。

これらの線に乗ってみたいがいくら何でもそんなに長い時間汽車の座席に座っていることは出来ない、という人には、次のようなルートをお勧めしたい。すなわち、インヴァーネスからカイル・オヴ・ロッハルシュまでカイル・ラインに片道だけ乗って、カイルから海峡の橋をバスでスカイ島に渡り、島のどこかで一泊して翌日アーマデイルの港からフェリーでマレイグに渡って、そこからウェスト・ハイランド・ラインでグラスゴウに出るのである。このルートでもまだウェスト・ハイランド・ラインの五時間半連続乗車が耐え難いという人には、途中のフォート・ウィリアムでも一泊することをお勧めしよう。なお、映画『ハリー・ポッター』シリーズのホグウォーツ急行が走る場面はウェスト・ハイランド・ラインで撮影されている。あの古いアーチ型の橋はフォート・ウィリアムとマレイグの間のグレンフィナンにある。

話は唐突に変わるが、ワーズワースの詩の中で最も広く知られているのはおそらく「虹」であろう。日本でも高校の英語教科書の扉や埋め草によく掲載されているので、「見たことがある」人も多いと思われる。だがこういう箇所を丁寧に教える教師は少ないであろうから、実際に一字一句「読んだことがある」人は（英文学科出身者や余程の英詩愛好家以外）少ないかも知れない。ワーズワースはこの詩にタイトルを付けていないので、「虹」ではなく冒頭の詩句を取って「我が心は躍る」と呼ばれることもある。

この詩の冒頭二行は「我が心は躍る、虹の空に架かるを見るとき（My heart leaps up when I behold / A rainbow in the sky:）」と始まり、三行目以下「我が命の始めにさなりき（So was it when my life began;）」、「我、今、大人にしてさなり（So is it now I am a man;）」、「我年老いたる時もさあれ（So be it when I shall grow old,）」と続く（岩波文庫版の田部重治訳を一部改変して引用）。いや、本当はこのように文語的に訳すのは邪道なのかも知れない。ワーズワースはごく日常的な言葉を使って人間の自然な感情を表現したのだから。そのことを加味して口語的に訳すと、「私の心は躍る、空に虹が架かるのを見ると／私が幼い頃はそうだった／私はいま大人だが、やはりそうだ／私が年を取ったのちも、そうであってくれ」ということになる。そしてこの後六行目は「そうでなければいっそ死なせてくれ（Or let me die!）」と続く。虹を見て心が躍らなくなってしまうくらいなら、死んだ方がましだということだ。

さて、私がインヴァーネスから日帰りでカイル・ラインを往復したときのこと、復路の列車は座席がほぼ埋まる程度に混み合っていた。隣にはシカゴから来たという米国人旅行者、向かいにはスコットランド人の夫婦が座っていた。私も米国人も美しい車窓風景に目を奪われていたのだが、スコットランド人はこんな風景などひとつも珍しくないのか二人それぞれに新聞やペイパーバックを読み耽っている。窓の外では例によって雨が降ったり止んだりしていた。

渓谷を抜けて風景が開けた頃、雨が止んで陽が射して来た。その瞬間、空に虹が美しい半円を描いているのに気付き、私はカメラを取り出して窓から撮影し始めた。隣の米国人も虹に見とれている。ところが、向かいのスコットランド人夫婦の旦那の方が、一体何事かと私に訊いて来た。彼らは後ろ向きに座っていたので、そちら側からは虹が見えなかったのである。私が「虹だよ。美しいではないか」と付加疑問文で言うと彼は、こんなものはいつも見ているから珍しくないさ、というようなことを呟いて、窓の外には興味を示さず、読んでいた新聞に視線を戻してしまった。それで、私は危うく言いそうになった。「あんた、死んだ方がましだよ。いや、俺の意見じゃなくて、ワーズワースって人がそう言ってるんだけどね」と。

昔から虹は七色で構成されると考えられている。見たところそのようには見えないが、赤から黄、緑、青を経て紫へと無段階に漸次的に変化する色彩を、七段階として「解釈」するということだ。この七色の順序を覚えるための便利なセンテンスがある。

それは、Richard of York gave battle in vain.（ヨーク家のリチャードは戦争を仕掛け、失敗に終わった）というものである。この文を構成する七つの単語の頭文字に注目して欲しい。Richard の R は red つまり「赤」、同様に o は orange「橙」、Y は yellow「黄」、g は green「緑」、b は blue「青」、i は indigo「藍」、そして v が violet「紫」である。米国を始めとしていくつかの国では虹を六色と考えているらしく（藍と紫をひとつに数えているのであろう）、また他にも五色や四色と解釈する文化圏もあるらしいが、七という数字にはまとまりの良さや縁起の良さがあるという事実を考えても（世界七不思議とかラッキー・セヴンとか）、ここはやはり七色であることが好ましい。杉真理《まさみち》の名曲「悲しきクラクション」の歌詞にも「二人が手にした虹には／Ah! 六つの色しかなかった」とある。六つでは一つ欠落しているということだ。

実は、この Richard of York gave battle in vain. というのは実話なのである。それは中世のイングランドにおける、フランスとの百年戦争が終わった頃に始まった薔薇戦争（the War of the Roses）の時の話だ。この戦争は一四五五年から一四八五年まで続いたイングランドの王位継承権を巡るヨーク家とランカスター家の争いで、薔薇戦争などというロマンティックな名称はヨーク家の紋章が白い薔薇、ランカスター家のそれが赤い薔薇だったことに由来する。名付け親は後の時代のスコットランドの国民的作家ウォルター・スコットである。

ランカスター王朝は一三九九年にヘンリー四世が即位した時に始まった。先代のリチャード二世（プランタジネット家）は浪費癖（王冠を質入したこともあった）とそれゆえの増税で評判が悪かったため諸侯の反乱によって退位に追い込まれ、獄中で餓死したらしい。ついでながら、ハンカチを発明したのはこのリチャード二世だという。また、英国のパブは昔も今も必ずその店名を示す絵入りの看板を掲げているが、このことを義務付けたのもこのリチャード王だった。

ヘンリー四世はリトアニア遠征の際に罹患した伝染病が原因で、即位後十余年で死んでしまう。そして年若い放蕩息子のヘンリー（通称ハル）王子が更生してヘンリー五世として即位し、長年に亘る敵国フランスに遠征してアザンクール（英語読みはアジンコート）の戦いで勝利を収めた。美男だが冷酷で残忍な野心家だったと伝えられるこのヘンリーは、アザンクールでの勝利の二年後にパリ郊外でやはり伝染病のために急逝する。後継者は同じ名前を持つ生後八か月の息子だった。この三代に亘るランカスター家のヘンリー王の治世とその周辺の歴史的事件のことはシェイクスピアが歴史劇『ヘンリー四世』二部作、『ヘンリー五世』、『ヘンリー六世』三部作で詳細に描いている。

結果的に百年以上続いた断続的な「英仏百年戦争」はこの頃、その『ヘンリー六世』

第一部が語っているとおり、ジャンヌ・ダルクの活躍もあってイングランド側が劣勢になり始めた。成人したヘンリー六世は精神に障害を来たし、王妃マーガレットとヨーク公爵リチャードが実質的に政権を掌握していた。マーガレットは百年戦争終結を意図してフランスから政略的に嫁いで来た王妃で「赤い薔薇の王妃」の異名を取るが、やがて彼女とヨーク公リチャードとの確執が深刻化する。百年戦争の敗戦によってヘンリー六世が国民の支持を失い始めたのに乗じてヨーク公リチャードは、自らの王位継承権を主張して反乱を起こした。一四五五年五月のセント・オールバンズの戦い、一四五九年九月のブロア・ヒースの戦いなど、度重なる合戦の末に一四六〇年十二月のウェイクフィールドの戦いでリチャードは戦死した。「ヨーク家のリチャードは戦争を仕掛け、失敗に終わった」のである。死んだリチャードの首は紙の王冠を被せられ、ヨークの街の城門の前に晒されたという。

そういうわけでリチャードは戦死したが、戦いそれ自体は最終的にヨーク家の勝利に終わった。こうしてリチャードの息子エドワードが一四六一年十一月にエドワード四世として即位してヨーク王朝が始まり、ヘンリー六世はロンドン塔に投獄される。だがエドワード（ヨーク家）の有力な支援者だったウォリック伯爵リチャードが一四七〇年十月にランカスター側に寝返り、エドワードを追放してヘンリー六世を復位させた。エドワードは弟リチャード（のちのリチャード三世）を引き連れて反撃に出て、半年後の一四七一年四月に復位し、ヘンリーを再びロンドン塔に幽閉したのちに処刑した。

エドワード四世の死後、一四八三年四月に長男エドワード（当時十二歳）がエドワード五世として即位するが、戴冠式を挙行するより早く退位させられ、ロンドン塔に投獄された――このエドワードのその後の消息は不明であり、のちの時代にエドワードのものらしき子供の骨がロンドン塔で発見されたが、確認はされていない。これはエドワード五世の叔父に当たる前述の弟リチャードが、兄エドワード四世の未亡人エリザベスとの確執もあって、甥であるエドワード五世を一四八三年六月（即位してわずか二か月後）に追放し、自らがリチャード三世として即位したということである。シェイクスピアの歴史劇『リチャード三世』でもこのリチャードは、屈折した劣等感に突き動かされる狡猾で残忍な悪人として描かれている。一方で『ヘンリー六世』においてヘンリー六世は、父ヘンリー五世やこのリチャード三世のような野心など微塵も持たない、繊細で敬虔な賢者という印象を与える。このあたりはシェイクスピアの活躍した時期が主にテューダー朝時代だったという事情が関係しているのであろう。ランカスター系のテューダー家の正統性を強調するために、ヨーク家を悪者にしておかなければならなかったのである。

「悪人」リチャード三世の天下も長くは続かなかった。一四八五年にランカスター家の流れを汲むヘンリー・テューダーが反乱を起こし、この時のボズワースの戦いに軍を率いて自ら出向いて行ったリチャードは落馬の末に戦死した。『リチャード三世』結末近くの第五幕第七場では、落馬したリチャードが「馬を！　馬をよこせ！　こんな国くれてやるから馬を！」（A horse! A horse! My kingdom for a horse!）と絶叫しているが、この台詞はもちろんシェイクスピアの創作である。こうして再び「ヨーク家のリチャード」は戦争を仕掛け、失敗に終わった」のである。その結果ヘンリー七世が即位したことでヨーク朝は終焉を迎え、その後百二十年近く続くテューダー朝が始まった。このヘンリーはヨーク家のエリザベスを王妃に迎えることでランカスター家とヨーク家の和解を実現し、こうして三十年に亘る薔薇戦争は幕を降ろしたのだった。なお、リチャード三世は一〇六六年にヘイスティングズの戦いで倒れたハロルド二世（ノルマン軍が放った矢が目に刺さって死んだらしい）に続いて二人目の戦死した王であり、現在に至るまで最後に戦死した王である。

追記：その後、二〇一二年九月にボズワースから約二十キロ離れたレスターの中心部の駐車場の地下から、リチャード三世の遺骨と思しき人骨が発掘された。レスター大学の調査によって翌年二月にリチャード三世のものと確認され、二〇一五年三月にレスター大聖堂に再び埋葬された。

ウェスト・ハイランド・ラインの車窓風景（グレンフィナン付近）

最も長い英単語

　ある日レディングからベイズィングストウクに向かうローカル線にひとりで揺られていた。終点に近い小さな駅から、妙に背の高い労働者風の青年が乗って来た。車内は空いていたが、青年は何故か私の向かいに座り、唐突に「一番長い英単語は何か知ってるか？」と問いかけて来た。たまたまその答えを知ってはいたが、あまりにも突然の出来事だったので、返答するまでに一瞬の間があった。「floccinaucinihilipilification だろ」と私が答えると、青年は「違う、antidisestablishmentarianism だ」と言う。私は floccinaucinihilipilification の方が antidisestablishmentarianism よりも一文字多いこと（前者は二十九文字、後者は二十八文字）を知っていたので、彼の思い違いを正してやろうとしたが、彼の方から矢継ぎ早に「どこから来た？」とか「留学か、仕事か？」などと質問を連発して来たので、「日本から来た」、「仕事でレディング大学にいる」などと答えているうちに、列車はベイズィングストウクに到着してしまった。青年は「話が出来て楽しかったよ」と言い残して去って行ったが、私には釈然としない気分が残った。

このfloccinaucinihilipilificationという語は十八世紀の詩人・随筆家・造園家ウィリアム・シェンストン（一七一四～六三）の造語で、意味は「軽視」、「無価値と判断すること」である。シェンストンは一七四一年に友人宛てに書いた手紙の中である人物について、「私が彼を好きだったのは、何よりもその金を何とも思わない態度の故だ」（I loved him for nothing so much as his flocci-nauci-nihili-pili-fication of money.）と書いている。

ここでこの詩人はハイフンを入れて綴っているので、新しい語を発明したというよりも、五つの語（いずれもラテン語）を組み合わせて独自のニュアンスを出そうとしていた、ということだったのかも知れない。だがこのハイフンのお蔭で語源がよりいっそう明確になる。flocciは「羊毛の房」から転じて「軽いもの」とか「価値のないもの」、nauciは「つまらないもの」、nihiliも「無」（参考までにnihilismは「虚無主義」）、piliは「毛」から転じて「些細なもの」、-(i)ficationは接尾辞-ifyの名詞形で「～化すること」（これもラテン語起源）である。つまりシェンストンが手紙の中で言及している「彼」という人物は、金というものを「一房の羊毛か一本の毛のごとく軽く、取るに足らない無価値なものと看做していた」のである。

シェンストンが何故このような表現を思いついたかというと、一説によれば、イートン・コレッジ（英国を代表する名門パブリック・スクールで、この詩人の母校でもある）のラテン語の単語集に flocci、nauci、nihili、pili がこの順序で並んでいたことに由来するという。そう言われて見ると、確かにアルファベット順になっている。

おそらくはシェンストンの書簡集を読んで真似たのであろうが、詩人ロバート・サウジー（一七七一〜一八四三）は一八一六年に季刊誌『クォータリー・レヴュー』に寄稿した文章の中で、この合成語を一単語として使っている。但しこの用例は『オクスフォード・イングリッシュ・ディクショナリー（ＯＥＤ）』には引用されていないし、無論その季刊誌も手許にないので、ここにその例文を紹介することは出来ない。

一方で小説家・詩人ウォルター・スコット（一七七一〜一八三二）は、一八二九年三月十八日付の日記の中でこの語を三回用いているが、三回とも間違えて七文字目の n を p と綴っている。『ＯＥＤ』に引用されているのはその日記の中の次のセンテンスである。They must be taken with an air of contempt, a floccipaucinihilipilification [sic] of all that can gratify the outward man. この文脈で they とは「葉巻とウィスキー」であり、そういったものを人は「軽蔑を込めて嗜むべきであり」、つまり「人間の外面的な肉体を喜ばせるようなあらゆるものを軽視すること」が重要だと、スコットは主張しているのである。

他方のベイズィングストウクの青年が一番長いと主張するantidisestablishmentarianismは、強いて言えば「反国教会廃止論」ということになる。国教会を廃止しろという主張に対する反対論、である。この語の意味を考えるには、まず中心にあるestablishmentに注目しなければならない。ここでは「イングランド国教会」を指す。そもそもこの宗派は、悪名高きヘンリー八世が最初の妻キャサリン・オヴ・アラゴンと離婚して愛人（キャサリンの侍女アン・ブーリン）と再婚しようとしたことでローマ教皇から破門されたために設立したものである（と言うよりもカトリックと絶縁するためにわざと破門されるよう仕向けたのかも知れない）。大英帝国が七つの海を支配した十九世紀には国教会の制度そのものにさまざまな矛盾が露呈するようになった。そこで国教会の解体を主張する人々や、そこまで行かなくとも現状に異議を唱える人々が現れた（例えば一八三〇年代から四〇年代にかけてのオクスフォード運動を想起されたい）。この人たちこそがdisestablishmentarian(s)であり、こういう人たちの思想・主義がdisestablishmentarianismである。そうなると当然、そのような考えに反対する人々、つまり国教会を擁護する立場の人々も黙ってはいない。このような人々（詩人・評論家マシュー・アーノルドもその一人）の思想・主義がantidisestablishmentarianismなのである。

これら二つの単語は『ＯＥＤ』初版に収録された語彙のうち最も長いものの第一位

と第二位であった。『ＯＥＤ』第二版にはこれらより長い語がいくつか収録されていて、そのほとんどが医学用語である。例えば floccinaucinihilipilification よりも一文字分だけ長い pseudopseudohypoparathyroidism というのがあり、遺伝性の骨格の障害の一種らしい。日本語でこの疾患を何と呼ぶのかを私は知らない。また、これは長い単語としては割によく知られたものだが、pneumonoultramicroscopicsilicovolcanoconiosis という病名があり、『プログレッシブ英和中辞典』（小学館）にも収録されている。日本語では「珪性肺塵症《けいせいはいじんしょう》」と呼ばれ、炭坑夫が罹りやすい病気だそうだ。『プログレッシブ』には「実用的な英語では最長単語とされる」と記されている。これは四十五文字あり、これまで挙げた例よりも圧倒的に長いが、病名はたいていラテン語を繋げて作られるので、理論上はいくらでも長くなり得る。実際に『ＯＥＤ』にこそ掲載されていないものの、一九一三文字からなる病名も実在するらしい。そのようなわけで、『プログレッシブ』には悪いが、「一番長い単語」というときには病名は除外しないと面白くない。

『ＯＥＤ』第二版に収録された floccinaucinihilipilification よりも長くて病名でない単語としては、三十四文字からなる supercalifragilisticexpialidocious がある。しかしこれも「無意味な語」と定義されていることから、正統な「最長単語」とは看做さない方がよかろう。これはディズニー映画『メリー・ポピンズ』(一九六四——ちなみにこの映画はP・L・トラヴァースの原作『メアリー・ポピンズ』に対する冒瀆と言わざるを得ない)の中で、主演のジュリー・アンドリューズが呪文の歌として歌って有名になったものである。語尾が -ious で終わっているから形容詞であろうが、「無意味」とはいえ『OED』の定義では「大いなる是認を表す」とされているので「素晴らしい」ぐらいの意味はあるのであろう。無意味な言葉としてこの映画以前から主に子供らの間で使われていたという。一九五一年に発表されたフォークソングに'Supercalafajalistickespeealadojus; or the Super Song' というタイトルのものがあり、この作詞者(パーカーとヤングという二人組らしい)は一九六五年に、この語の著作権を主張してディズニー・プロダクションを訴えた。しかしそれが似ているものの微妙に異なっていたことから、結局は原告敗訴に終わったらしい。

固有名詞を含めれば、これまでに挙げた例よりも長いものがいくつかある。有名なのはウェイルズの地名 Llanfairpwllgwyngyllgogerychwyrndrobwllllantysiliogogogoch(五十八文字)であろう。もっともこれは二つの村が合併して両方の名前をそのまま繋いだためにこれほど長くなったのであり、前の三十九文字(それでも十分に長い)と後ろの十九文字(それでもまだ長い)に分けられる。途中のlが四文字連続するところの中間がその切れ目である。地図や道路標識では最初の十二文字のみ表記されるか、あるいはLlanfair P. G. と略されることが多い。この長い地名を敢えてカタカナで表記すれば「スランヴァイアプスルグウィンギルゴウゲラッホワールンドロウブスランダスィリオウゴウゴウッホ」であろうか。

だが、かつて一週間だけ、ウェイルズにはこれより長い地名が存在したことがある。それは二〇〇四年七月のことで、チェスターの南西にある Llanfynydd（これも敢えてカタカナで表記すると「スランヴァニッズ」ということになろうが、最初の「スラ」はウェイルズ語特有の音で l の無声摩擦音、最後の「ズ」は英語でいう th の有声音である）という村が一週間に亘って、Llanhyfryddawelllehynafolybarcudprindanfygythiadtrienusyrhafnauole と、公式な地名として名乗っていたのである。数えてみると六十六文字あるから、Llanfairpwllgwyngyllgogerychwyrndrobwllllantysiliogogogoch よりも八文字長い。この改名は、風景美と絶滅危惧種の動植物を併せ持つこの地域に、寝耳にミミズのごとく風力発電所建設計画が持ち上がったことに端を発する。発電所建設に反対するための運動を世にアピールすべく、その存在を目立たせるためにわざと長い名前を名乗ったということである。ちなみにこの長い名前の意味はウェイルズ語で「卑劣な羽根（刃）の脅威に晒された稀少な鳶の棲む歴史的に重要な教会のあるきわめて美しい村」であるらしい。いずれにせよ固有名詞ということになると、いくらでも長くしようと思えば出来てしまうので、最長単語としては面白味に欠けると言えよう。

長い単語といえば他にも、同じ文字を二度繰り返さないという限定つきの最長語として、dermatoglyphics と uncopyrightable（いずれも十五文字）がある。前者は「掌紋学」（掌の皮膚の隆起に関する研究らしいが、手相占いとは違うと思う）、後者は「版権を取ることが出来ない」という意味である。一方で単音節語の中で一番長いのは screeched、左手だけで入力できる単語として最長なのが stewardesses である。シェイクスピアが用いた単語の中で最長のものは honorificabilitudinitatibus で、「名誉を受けるに値する」という意味だ（『恋の骨折り損』第五幕第一場）。

また、古典的なジョークとしては、最長の単語は smiles である。なぜなら最初と最後の s の間に一マイル（約一・六キロ）の距離があるから。それならば beleaguer の方が be と r の間が一リーグ（約四・八キロ）だからこっちの方が長いではないか、という反論もあろうが、前後の文字が同じでないし、リーグと言われてもどの程度の距離なのか俄にイメージできないので、smiles ほど面白くない。こういう話は事実として長いかどうかよりも面白いかどうかの方が重要なのである。

試験に絶対出ない英単語

どうも世間では英語学習に実用性を求め過ぎているような気がする。英語はもちろん使えれば役に立つのだが、役に立つことだけを求めて勉強しても楽しくなかろう。明らかに役に立たないことを敢えて学ぶと、その過程で予期せぬ驚愕や感動があるに違いない。また、そういう無駄な知識や役に立たないことに対する好奇心が、日々の生活をより面白くするに違いない。そういうわけで、入試にも英検にも絶対に出ない、知っていても何の役にも立たない珍しい単語を以下に紹介したい。

・**chad**：「**紙に穴をあけたときに残る丸い屑**」こんなものにまで名前があったという事実に感動を禁じ得ない。ちなみにこの単語は『プログレッシブ英和中辞典』（小学館）にも掲載されていて、語釈は「チャド、穿孔《せんこう》くず」となっている。「穿孔」は『新明解国語辞典』（三省堂）によれば「堅い岩、鉄などに穴をあけること。〔広義では、紙のテープに穴をあけることや、パンチカードにパンチを入れることをも指す。」」である。日本語で「穿孔屑」などと口頭で言ってもおそらく通じないであろうが、「チャド」と言ってもわかってもらえるとは思えない。あるいはことによると、特定の業界では普通に使っている言葉なのだろうか。

・**phosphene**:「**目をこすったときに見える光の粒**」これも一応、『プログレッシブ』に載っていて、「眼閃《がんせん》」、「眼内閃光」という訳語が示されている。発音は綴り通りで、強いてカタカナで書けば「フォスフィーン」だ。試験にも絶対に出されないであろうが、日常会話でもまず使わない単語である。

・**lunula**:「**爪の根本の白い部分**」これも『プログレッシブ』にエントリーされている。発音は綴り通り「ルーニュラー」で、「ルー」に強勢が置かれる。語釈は「新月［三日月］形のもの（小づめ・半月状紋など）」とある。爪の白い部分は確かに三日月の形をしている。ラテン語で「月」を意味するlunaの派生語であることは言うまでもない。ちなみに同じくlunaからの派生語であるlunaticは名詞で「狂人、精神異常者」、形容詞で「狂気の、常軌を逸した」の意味だが、原義は「月に影響された」である。古来、月は人間の理性を左右すると信じられて来た。狼男が満月の夜に狼に変身することも、このことと無関係ではない。ついでながら、「三日月」は英語でcrescent、フランス語で croissant（クロワッサン）である。

・**beefalo**：「**牛と水牛の合いの子**」これは以前の『プログレッシブ』にはなかったが、第四版以降にはある。「ビーファロ種：アメリカバイソンと肉牛の交配種」だそうだ。このように複数の単語の一部を合わせて出来ている単語を「鞄語」portmanteau word という（これはルイス・キャロルの造語）。ちなみに『リーダーズ英和辞典』（研究社）には cockapoo という鞄語もあり、これは「コッカースパニエルとプードルの雑種」である。翻訳家の岸本佐知子（ニコルソン・ベイカーの翻訳で有名）は仕事で『リーダーズ』を引いているときに、この単語がやたら目につくのだそうだ（詳しくはエッセイ集『気になる部分』を読まれたい）。関係ないがジャガイモとトマトを掛け合わせた「ポマト」という野菜があるらしい。また、私が中学生だった頃、テレビで「右に回すとシャープペンシル、左に回すとボールペン、〈シャーボ〉と呼んで下さい」と宣伝されていた筆記具があった。その頃、それ以前からあった「一方に回すと黒ボールペン、もう一方に回すと赤ボールペン」という筆記具は、少なくとも私の友人の間では「ボーボ」と呼ばれるようになった。ついでながら、山羊と羊の合いの子で geep というのがあり、これはもちろん goat と sheep の鞄語だが、同義語として shoat というのもある。『リーダーズ』には geep も shoat も収録されているが、『プログレッシブ』には（この意味では）前者しか載っていない。

・**blype**：「**日焼けしたときに剝け落ちる皮**」『プログレッシブ』にも載っていない。『オクスフォード・イングリッシュ・ディクショナリー（OED）』では語源不詳ということになっていて、用例としてロバート・バーンス（一七五九〜九六——スコットランドの国民的詩人。日本では「蛍の光」や「麦畑」が知られている）の「ハロウィーン」という詩の一節が挙げられているだけだ。小学校時代の夏休みなどに、急激に陽に灼けてその炎症が治まった頃、試しに皮を剝がしてみたら巨大な blype が取れて、嬉しくなってしばらく保存しておいたりしたことがあるのはきっと私だけではないはずだ。その翌朝、干からびて縮んだ blype を発見して悲しい思いをしたのも、きっと私だけではないはずだ。

・**lethologica**：「**ある単語がどうしても思い出せない症状**」これは『OED』にさえ載っていない。医学英語辞典を当たらないと駄目なのかも知れない。外国語に限らず、母語でさえもある特定の単語をどうしても思い出せないということはよくあるが、近い将来 lethologica という単語をどうしても思い出せなくなりそうな気がする。

・**trilemma**：「**三つの立場の間での板挟み**」これは『プログレッシブ』にある。ここで dilemma という単語を連想できれば話は簡単だ。これは日本語で言う「ジレンマ」、つまり「二つの立場の間での板挟み」だ。語源はラテン語の di（二重の）と lêmma（仮定）である。この di が tri になったのが trilemma である。接頭辞 tri- は三を表し、例えば「三角形」は triangle、「三輪車」は tricycle、「三か国語話者」は trilingual、「三脚」は tripod。

・**tittle**：「**小文字 i や j の点**」tipple とも言う。ちなみに私は今、小文字 t の横棒を英語で何と呼ぶか、どうしても思い出せない。まさに lethologica である。

・**vexillology**：「**旗に関する研究**」vexillum は古代ローマの「軍旗」であり、vexillology には『リーダーズ』では「旗学」という訳語を与えている。だが、「旗学科」がある大学というのも見たことがないし（あるとすれば何学部にあるのだろうか）、旗学者に会ったこともなければ、日本旗学会とか国際旗学会というのも聞いたことがない。

・**queuetopia**：「**何を買うにも長蛇の列に並ばなければならない共産主義国**」ウィンストン・チャーチル（一八七四〜一九六五――英国の政治家・文人）の造語。これはもちろん utopia という語が基になっている。「ユートピア」はサー・トマス・モア（一四七七?〜一五三五）の造語で、架空の理想国の名称。もっともモアの『ユートピア』を読んでも、その世界が「理想的」だとはあまり思えないのだが。ユートピアの語源はギリシア語で ou（ない）と tópos（場所）に名詞語尾 -ia がついて、「存在しない場所」の意味だが、音声的には同時に「よい（eu）場所」の意味をも伝えている。いずれにせよ、理想的な国というのは実在しないのである。ちなみにサミュエル・バトラー（一八三五～一九〇二）の小説『エレホン』に描かれる理想国エレホン（Erehwon）もまた、nowhere を逆から綴ったものであり、ユートピアと同様「存在しない場所」ということだ。一方で queue は「キュー」と発音し、動詞で「並ぶ」、名詞で「列」である。

・**ideolocator**：「**地図上の現在地を示す印**」日本ではこういう場合、たいてい赤い矢印か三角印で「現在地」と書かれているが、英語圏では You are here と書かれている場合が多い。

・**penultimate**：「**最後から二番目の**」H・G・ウェルズの『アン・ヴェロニカ』でこの単語が使われているのを見た記憶がある。ちなみに最後から三番目は antepenultimate。ただし日常会話で「最後から二番目の～」と言いたいときにはこのような面倒な単語を使う必要はなく、the last ~ but one と言えばよい。なお、penultimate も antepenultimate も『プログレッシブ』に載っている。

・**hebdomadally**：「**週に一度**」これも普通は weekly とか once a week で済む。前半の hebdo はラテン語で七を意味する hepta に由来する（the Heptarchy は「アングロ＝サクソン七王国」）。この単語の原形 hebdomad と形容詞形 hebdomadal は『プログレッシブ』に見出し語としてある。

・**hemidemisemiquaver**：「**六十四分音符**」これも『プログレッシブ』の見出し語にある。こんな音符が頻出する曲をピアノで弾けと言われたら嫌だ。語幹となるquaverが「八分音符」、それを半分にしたsemiquaverが当然「十六分音符」である。たとえば「半円」はsemicircle、「準決勝」はsemifinalだ。それでその「十六分音符」をさらに半分にした「三十二分音符」をdemisemiquaverと言う。この接頭辞demi-もまたsemi-と同様「半分の」を意味し、通常の半分くらいの大きさの珈琲カップがdemitasse（デミタス）、「半回転」がdemivolt、「半神」はdemigodである。ついでながら、「デミグラスソース（demiglace sauce）」も「半分に煮詰める」が原義。そして、hemi-もまた「半分の」を意味する接頭辞であり、例えば「北半球」とか「南半球」とか言うときの「半球」はhemisphere、「半地中植物」はhemicryptophyte。

・**groaking**：「**人が何かを食べているときに、少しくれないかと思ってじっと見ること**」これと同じ意味の日本語の単語は（多分）ない。このような単語が日本語になくて英語にあるということは、このような行為が日本においてよりも英語圏諸国において頻繁に行われているということなのであろうか。あるいは、日本でも同様に行われるにもかかわらず、されている側の人が気付かなかったり故意に黙殺したりして、あまり言及されないということなのかも知れない。なお、南米のティエラ・デル・フエゴ諸島の言語には、「（二人が）同じことを考えていて、それを実行することを強く望んでいるが、自分からはやりたくないので、相手がやってくれないかと思って黙って見つめ合う」という意味の mamihlapinatapai という単語があるらしい。

・**hydrodaktulpsychicharmonica**：「**硝子製楽器の一種**」最後の九文字は「ハーモニカ」である。最初の hydro は「水」を意味する（hydrogen は「水素」、dehydrate は「脱水する」）。少しずつ大きさの異なるグラスを重ねて横向きにして、中心に軸棒を通して固定し、それを回転させ水で濡らしながら手で擦って音を出す楽器で、ベンジャミン・フランクリン（一七〇六〜九〇――米国の政治家・著述家・発明家）の発明品だそうだ。

・**deltiologist**：「**絵葉書蒐集家**」当然のことながら deltiology は「絵葉書蒐集」を意味する。私は別に deltiologist ではないのだが、私の手許には夥しい数の絵葉書がある。旅行先や美術館などでいつも多めに買ってしまうので、知らないうちに集まってしまったのだ。

・**bromhidrosis**：「**臭気を放つ汗**」語頭の brom は「臭素」、それに続く hidro は「水」である。ちなみに、人間の汗に臭気はない。皮膚の表面のバクテリアによって臭いが発生するのである。なお、日本語で「汗」と言うと、文脈によっては「青春のシンボル」的な爽やかなイメージになり得るが、英語の sweat はあまり人前で言わない方がいいような単語である。私の知る限り「ポカリスエット」は英語圏諸国では発売されていない。

・**buccula**：「**二重顎**」英国では全国民の七割近くが肥満であり（しかもこの割合は年々増加している）、当然二重顎の人も多い。だがこんなややこしい単語が使われることは滅多になく、通常は double chin と言う。

・**taphephobia**：「**生き埋めになることや生きたまま埋葬されることに対する恐怖**」アンデルセンがこの症状に苦しんだらしい。語尾の -phobia はギリシア語由来で「恐怖症」を表し、「高所恐怖症」は acrophobia、「閉所恐怖症」は claustrophobia である。

他にも、

・**telephonophobia**：「**電話恐怖症**」などというのがある。「変な恐怖症」シリーズをもう少し続けてみよう。

・**arachibutyrophobia**：「**ピーナッツバター恐怖症**」ピーナッツバターの何がそんなに怖いのかと言えば、これは「ピーナッツバターが上顎にこびり付くことに対する恐怖症」である。語頭の arachi は「ピーナッツ」、続く butyro が「バター」である。確かに、普通のバターは上顎に付着してもすぐ溶けるが、ピーナッツバターはこびり付くような気がする。関係ないが、英国には「バターじゃないなんて信じられない」（I Can't Believe It's Not Butter）という商標名のマーガリンがある。

・**gymnophobia**：「**裸体恐怖症**」ギリシア語由来の接頭辞 gymno- は「裸体の」の意味。古代ギリシアには「ジムノペディア」という祭典があって、これはアポロンやバッカスを讃えて全裸で踊り狂う祭だそうだ。体育館、屋内競技場を意味する gymnasium も原義は「全裸で訓練を行う公共の場所」である。昔のギリシアでは運動競技は全裸で行われていた。というわけで gymnophobia だが、これは「裸体を見ることに対する病的な恐怖感」と定義されている。こういう症状を持つ人が、芸術作品や広告などにおける裸体描写に異を唱えてヒステリカルに騒いだりするのであろうか。一方で、

・**dishabiliophobia**：「**人前で衣服を脱ぐことに対する恐怖症**」というのもある。今度は裸体を見ることではなく見られることに対する病的な恐怖である。もちろん、まともな文明人なら特定のシチュエイション（温泉の脱衣所とか）以外において人前で衣服を脱ぐことには多少なりとも抵抗があるだろうが、その抵抗感が尋常でなく、恐怖というレヴェルにまで行ってしまうのが dishabiliophobia なのである。語頭の dis- が「否定、分離、剝奪」を表すことは想像に難くないし（sport の語源は disport、つまり「離して」「運ぶ」ということであり、要するに「本来の状態（仕事場とか家庭とか）から離れたところへ自身

を運ぶ、ということなので sport の原義は「運動競技」に限らず「戯れ」「気晴らし」)、habilio の部分は例えば habiliment (古い用法で「服飾品、衣服」、現在は「備品、設備」) という単語を連想すればよい。

・**cheriphobia**:「**笑い死にすることに対する恐怖症**」笑い過ぎて死んだ人というのは寡聞にして存じ上げないが (モンティ・パイソンのコントでなら見たことがある)、笑い過ぎて嘔吐した奴なら私の友人の中に少なくとも一人いる。幸い私はその現場にいなかったが。クリシッポスという古代ギリシアのストア派哲学者は、ロバに葡萄酒を飲ませて泥酔した様子を見て笑い過ぎて死んだらしい。夏目漱石が『吾輩は猫である』でこのことに触れていたはずだ。

・**transurphobia**:「**散髪恐怖症**」散髪を恐れる理由というのが、刃物を持った他人に至近距離で自分の頭部をいじられることに対する恐怖なのか、変な髪型にされてしまうことに対する恐怖なのかは不明。似たような意味で tonsurphobia というのもあるが、こちらは「剃髪恐怖症」。肖像画のフランシスコ・ザビエルのような、頭頂部を剃った髪型を「トンスラー」と言うらしい。もっともザビエル本人は実はあの髪型ではなかったらしいが。

・**carnophobia**:「**肉恐怖症**」語頭の carno が「肉」に関係する。例えば carnival の原義

は「肉を取り上げること」で、復活祭の前の四十日間に肉食を絶つ前に心おきなく肉類を食す祭のことだ。またcarnivorousは「肉食性の」、母の日にお馴染のcarnationは「人肉の色（の花）」が元来の意味である。英国では復活祭の四十日前の水曜日（「聖灰水曜日」Ash Wednesday）の前日の火曜日Shrove Tuesdayに、巨大なパンケーキに肉類を始めとする消費すべき食材をすべて投入して焼くという習慣があった。今でもバッキンガムシャー州のオウルニーという町では、地元の主婦がフライパンにパンケーキを入れて空中に放り投げてはまたそのフライパンで受け止めつつ走って順位を競うというPancake Raceが毎年この日に行われている。恐怖症シリーズはこれくらいにしておこう。

・**borborygmus**：「**腹鳴**」空腹時などに腹が鳴ることで、複数形はborborygmi。この単語を初めて見たのは大学二年の時であった。友人が英語の授業の予習をしていて、どうしてもわからない単語があるから教えてくれ、と言って来たのだ。それがこの複数形のborborygmiだった。私も当然わからなかったので、一緒に図書館に行って英和大辞典を引いてみた（実は『プログレッシブ』にも『リーダーズ』にも載っていることに後で気づいた）。この友人は経済学部だったのだが、随分ややこしいテキストが使われていたものだ。

・**fey：「死にかけている人が何事もないかのように起き上がって談笑している状態」**

これはジョーディ（Geordie）、つまりニューカースル・アポン・タインおよびその周辺（イングランド北東部）の方言だそうだ。『リーダーズ』には「異常にはしゃいだ／高ぶった《昔死の前兆とされた》：頭の変な、気がふれた、第六感のある／千里眼の、この世のものでない、異様な：魔力をもった／妖精のような：死ぬ運命の、死にかけている」とある。『プログレッシブ』第四版では「超自然的な：魔力をもった：異様な、奇矯な・千里眼の、透視力のある．魔法にかかったような：気の触れたような」の他にスコットランド方言として「死［不幸、災厄］の恐れが表れている」、英国方言として「死ぬ運命の：（人が死ぬ前に）異常に興奮した」という語釈を挙げている。「死ぬ運命の」も現在では主にスコットランド方言だが、ルネサンス時代のイングランドを代表する詩人のひとりエドマンド・スペンサー（一五五二?〜九九）はこの語をこの意味でたびたび用いている。それにしても、ニューカースル界隈では死にかけている人が起き上がって談笑するということがよくあるのだろうか。それが気になったので、ニューカースル大学に留学していた友人に頼んで、彼の地に生まれ育った人にこのことについて訊いてもらった。すると、そのニューカースルの人は、feyという単語を「死ぬ運命の」と「狂ったように興奮して」という意味でのみ知っていた、とのことである。

私が英国のある雑学本で見つけた「死にかけている人が何事もないかのように起き上がって談笑している状態」というジョーディ的用法に関する情報が間違っていたのか、あるいはジョーディといってもある程度広い範囲の方言なので、ニューカースル以外の地域での用法なのか、今後調査を続行したいと思う。

蝶と蛾——単語の「境界」をめぐる比較文化

蝶と蛾は断じて別な生き物である。私は小学校時代にはかなりの昆虫マニアで、とりわけ蝶にはただならぬ関心を寄せていたが、蛾だけはどうしても好きになれず、触ることが出来なかっただけでなく見るのも嫌だった。

アゲハモドキというジャコウアゲハに似た黒い蛾がいる。ある夏の日の午後、小学校からの帰り道、妙にぎこちない飛び方をするジャコウアゲハらしき「蝶」を見かけ、何の気なしに帽子で捕獲したところ、それはアゲハモドキだった。アゲハモドキは蛾だが、ジャコウアゲハに似ているので、その時はそれほどの嫌悪感を抱かなかった。ところが、しばらくその蛾を手に持っていると、次第にそれが蛾であるという事実に耐えられなくなり、怖くなってそのアゲハモドキを手放し、道端の木の葉で手を拭いて、何故か鼻血を出してしまった。蛾に対する嫌悪感や恐怖感と鼻血に因果関係があったのか否かは、今でもわからない。

私が通っていた南永山小学校（東京都多摩市）のすぐ裏には小さな山があり、自然環境にはそれなりに恵まれていたのだが、それゆえに秋になると巨大な蛾が飛来し、校舎の壁面に張り付いていることがよくあった。ヤママユガとかクスサンとかウスタビガとかそういう種類である。私はこれが嫌で仕方がなかったのだが、生来の負けず嫌いも手伝って、どうしてもこういう蛾が怖いとは言えなかった。それで、何事もないかのような顔をしてこのような嫌悪すべき鱗翅類が張り付いている壁の近くを通り過ぎる刹那の緊張感は、今も忘れられない。

中学一年の時、国語の教科書でヘルマン・ヘッセの短編集『少年の日の思い出』の中の一編「クジャクヤママユ」を読んだ。語り手の「私」に友人のハインリヒ・モーアが少年時代の追憶を語るという設定で、少年時代の彼らは蝶の採集を趣味としていてその標本を自慢し合っていたという。モーアの家は貧しかったので、彼の標本は粗末な空き箱とコルクを再利用したものだったが、金持ちの家の優等生エーミールが作るそれらは実に立派なものだった。ある日、そのエーミールがそれまで誰も採集したことのなかったクジャクヤママユを捕獲した。モーアは彼の部屋にそれを見に行ったときに、まだ展翅板に載せられていたその珍しい蛾をそっとポケットに忍ばせて盗み出してしまう。家に帰って自責の念に苦しんだモーアは、母親に促されてエーミールに謝りに行く。彼に返そうとしたクジャクヤママユはしかしながら、羽が少しだけ破損してしまっていた。エーミールは怒る代わりにモーアを心から軽蔑した態度を取る。罪悪感と自己嫌悪に耐えかねたモーアは家に帰って、それまで苦労して集めた蝶の標本をすべて泣きながら壊してしまう。

この物語では、「私」もモーアも本文中で確かに「蝶の蒐集」などと言っている。だが話題の中心になっているのはクジャクヤママユという蛾である。私の大嫌いなヤママユガの一種だ。しかも冒頭でモーアが「私」にこの追想を語り始めたきっかけというのが、最近「私」が(子供と一緒に)また「蝶の」蒐集を始めた、と話し、ひとつの標本をモーアに見せたことだった。だがその標本の「蝶」というのはワモンキシタバという蛾である。何故「蝶」と言いつつ蛾の話ばかりするのか。中学一年の私は釈然としない気持ちを禁じ得なかった。だが私は疑問があっても教師に質問するようなタイプの生徒ではなかったため、この問題を国語教師に問い質すこともしなかったし、また授業が終われば教科書の内容などすぐに忘れてしまうので、級友とこの問題について議論することもなかった。国語の授業が次の単元に入ると、有り難いことにクジャクヤママユもワモンキシタバも忘却の彼方に飛び去ってしまい、その後何年もこの問題を思い出すことはなかった。

その後、確か大学一年の時だったと思うが、フランス語では「蝶」も「蛾」もpapillonであるという事実を、フランス語の授業で知った。これは「パピヨン」と読む。ついでながらパピヨンという犬は、耳が蝶の羽のような形だからそう呼ばれるのだ。もちろんフランス語に蝶と蛾の区別がまったくないというわけではないが、「蛾」はpapillon de nuitあるいはpapillon nocturne（いずれも「夜の蝶」の意。ついでに、「ノクターン」は音楽用語では「夜想曲」）と形容語句を付けて区別しなければならない。つまり、papillonという同じ範疇の中の下位区分、という程度の位置づけに過ぎないのである。

一方英語では、日本語と同様に、蝶はbutterfly、蛾はmothというように、初めから異なった範疇に分類される。石原慎太郎はかつて、フランス語は数も満足に数えられない不完全な言語だ、と暴言を吐いたが（これはフランス語に「七十」とか「八十」という単語が存在せず、「六十と十」とか「四つの二十」と言わなければならないことについて言っていると思われる）、私に言わせればそんなことよりも蝶と蛾を一緒くたにしていることの方がよほど問題だ。

このように、美しく愛らしい蝶と醜く嫌悪すべき蛾を同じ名前で呼ぶというのは、私の常識ではまったく考えられないのだが、フランス語におけるこのような暴挙について知ったとき、クジャクヤママユとワモンキシタバをめぐる疑問をふと思い出し、もしかするとドイツ語においても同じような狼藉が行われているのではないか、と思い至り、ドイツ語選択の友人に手伝ってもらいつつ慣れないドイツ語の辞典を借りて引いてみたりした。ドイツ語には蝶と蛾を総称する名詞が二つあり、ひとつはSchmetterling、もうひとつはFalterである。ドイツ語では名詞の語頭はすべて大文字になるという事実も、この時に知った。そしてドイツ語で蛾を蝶と区別して言う場合にはNachtfalterと言うのだが、これも「夜の蝶」(Nacht + Falter)を意味する。だがいずれにせよ、ドイツ語の世界でも蝶と蛾は同じものと認識されているのだ。だから「私」とモーアは「蝶」と言いつつ蛾の話ばかりしていたのだ。生物学的なレヴェルは別として、日常会話のレヴェルでは可憐な蝶と醜悪な蛾が、あろう事か同一の生き物と考えられているのである。

その後何年も経ったある日、ふと他の言語ではどうなのかということが気になり、手許に辞書があった言語のみだが、蝶と蛾について調べてみた。アイルランド語ではféileacánが蝶と蛾の両方を意味し、féileacán oícheが「夜の蝶」すなわち「蛾」を意味する(そう言えば、かつて知り合いのアイルランド人から贈られたマグカップには、蛾と思しき昆虫が描かれていた。私はこれを、アイルランドにのみ棲息する珍しい蝶だと思うことにした)。ウエイルズ語で蝶を表す語句にはglöyn byw、iâr fach yr haf、pili-palaがあり、一方で蛾はgwyfynである。ちなみにglöyn bywは原義が「石炭の（黒い？）生き物」らしいのでおそらくは黒い蝶のこと、iârは「雌鳥」、hafは「夏」だがそれ以上のことは不明、pili-palaは純粋に「蝶」という意味のようだ。いずれにせよ、ウェイルズ語では蝶と蛾が真っ当に区別されている。スペイン語ではmariposaが蝶と蛾の両方、mariposa nocturnaが「夜の蝶」すなわち「蛾」、さらにpolillaが「蛾、もしくは蛾の幼虫」である。スペイン語の専門家が身近にいないので確認できないが、おそらくは羽が大きくて普通に飛ぶ蛾と、蚕蛾のように飛ばない蛾を区別して、後者をpolillaと称しているのではないだろうか。ラテン語ではpapilioが蝶と蛾、blattaがゴキブリと蛾、tineaが地虫、蛆虫、蛾である。ここでは蛾が三種類に分類されている。蝶のような形のものがpapilio（フランス語のpapillonはこれを語源とする）、ゴキブリのような形のものがblatta、そして羽が小さくあまり飛ばないものがtineaなのであろう。そして中国語では、蝶が「蝴蝶」、蛾が「蛾子」である。流石に四千年の歴史を誇る中国文化においては、美しいものと忌まわしいものが真っ当に区別されている。

蝶と蛾に限らず、このように事物や概念の分類の仕方は言語によって異なるものである。例えばH_2Oという物質は液体の状態の時、日本語ではその温度によって「水」と「湯」というように呼称が変化する一方で、英語ではペットボトルに入って冷蔵庫で冷やされていても薬缶の中で沸き立っていても water と称される。英語でどうしても「湯」を区別して言いたいときには、hot water というように形容詞を用いなければならない。日本語の「絵」は「水彩画」、「油絵」、「線描画」などの総称だが、英語では水彩画と油絵が painting、線描画が drawing という分類になり、さらにこれらの「絵」と「写真」photograph(s) / photography、「映画」film を総称した picture という上位概念がある。日本語でこれらを総称するには「画像」、「映像芸術」など、文脈によって言い換えなければならない。また英語には、日本語で言う「絵」だけを区別して言う語がない。一方日本語で「蜂」と総称している昆虫を英語では bee、wasp、hornet に分けている。最初の bee はミツバチ、ハナバチなどで、特にミツバチに限定するときには honeybee と言う。日本では蜂マニアというのはあまり一般的でないようだが、英国ではミツバチやハナバチは蝶の次に人気のある昆虫だ。次の wasp は『ジーニアス英和辞典』では「ジガバチ、スズメバチ」と定義されているが、英国には日本にいるような種類のスズメバチは棲息していないため、英語で wasp と言えば普通はアシナガバチを指す。最後に挙げた hornet は「スズメバチ、クマバチ」など大型の蜂を指すが、この単語自体を英国で耳にした記憶はない。蜂に詳しい友人（英国人）に訊いてみたが、そんな単語は知らないとのことだった。英国には棲息していないのであろう。

「シマウマ」は日本語なら「縞模様の馬」ということで、馬の一種と捉えられているが、英語ではzebraという、horseとは無関係の生き物である。モーツァルトは幼少の頃、両親と姉とともにロンドンに滞在し、ロンドン塔で初めてシマウマを見た。このシマウマについて姉マリア・アンナ（通称ナンネル）は日記に「公園と一匹の仔象とロバを見た。ロバは白とコーヒー色の縞が、これ以上上手く描けまいと思うほど均等についていた」と書いている（小池滋『ロンドン――世界の都市の物語』文春文庫、一九九九、一六四頁に引用）。確かに、「シマウマ」という前提がなければ、あの動物は馬よりもロバに近いかも知れない。

日本語では「腕時計」も「柱時計」も「時計」だが、英語ではwatchとclockは別のものである。ちなみに、床に設置するタイプの大型の柱時計を英語でgrandfather clockという。一方で、crocodileとalligatorは別な種類の生き物だが、日本語ではいずれも「ワニ」である。ある英語話者が日本語を勉強していて、「どうもありがとう」がなかなか覚えられなかったので、「どうもアリゲイター」と覚えることにして、いざ日本に来て人に礼を言う場面で咄嗟に「どうもクロコダイル」と言ってしまった、という話があるが、これは日本人が作った話かも知れない。英語話者ならアリゲイターとクロコダイルは別物と認識しているだろうから、混乱することもないような気がするが、いかがだろうか。

例えば馬が走る速度によって動詞を使い分ける習慣が日本語にはなく、ただ「走る」としか表現できないが、英語では遅い方から順にamble、trot、pace、canter、gallopと使い分ける。一般に家畜関係の語彙は英語の方が日本語より遥かに細かく分けられている。牛は日本語ではまず「牛」という総称があり、そこに形容語を付加して「雌牛」、「雄牛」、「仔牛」、「肉牛」、「乳牛」などと称するが、英語ではbull（去勢されていない雄牛）、bullock（去勢された雄の荷役用の牛）、calf（仔牛）、cattel（集合的に家畜としての牛）、cow（雌牛、乳牛）、heifer（子を産んでいない若い雌牛）、ox（去勢された雄牛）、steer（去勢された食肉用の雄牛）と呼び分けなければならない。そうなると、例えば車の助手席に乗って英国の田舎道を走っているときなどに、前方に一頭の牛がいて、しかも運転者がそれに気付いていない様子だったりした場合、「気を付けろ、牛がいるぞ」と言おうとしてその牛がこれらのうちどれなのかを瞬時に判断できず、言い淀んでいるうちに車が牛に激突してしまった、というような珍事が起こりかねないような気もするが、そういう時にはとりあえずcowと言っておけばよい。「豚」の場合には英語にもpigという総称があるが、その下位区分としてboar（去勢されていない雄豚）、hog（去勢された雄豚）、sow（雌豚）、piglet（仔豚。これは単にpigに「小さいもの」を示す接尾辞letが付いただけ）などがある。

逆に英語では rice としか言わない所を日本語では「稲」、「籾」、「米」、「御飯」あるいは「飯」、「ライス」（一説によると茶碗に盛られているのが「御飯」あるいは「飯」で、皿に盛られているのが「ライス」だそうだ）と呼び分けるという例もある。また日本語では服を「着る」、靴を「履く」、帽子を「被る」、マフラーを「巻く」、ベルトを「締める」、眼鏡を「かける」、指輪を「はめる」、リュックサックを「背負う」、髭を「生やす」、香水を「つける」、表情を「浮かべる」と動詞を使い分けるのに対して、英語ではすべて **put on** か **wear** で表現する（前者が身につける動作、後者が身につけている状態。たとえば「髭」には前者は用いないが、付け髭の場合には用い得る）。

これはよく引き合いに出される例だが、英語には「兄」と「弟」、「姉」と「妹」の区別がなく、単に brother と sister である。どうしても区別したいときには elder sister なり younger brother なりと形容詞を用いるが、通常は殊更に区別しない。そして英語には「先輩」「後輩」に相当する語が存在しない。要するに日本語文化圏では年齢の上下が大いに問題になるのに対して、英語文化圏ではそれが大した問題ではない、ということである。また日本語では、一人称（「私」、「僕」、「俺」、「拙者」、「それがし」など）と二人称（「あなた」、「君」、「お前」、「貴様」、「汝」など）に気が遠くなるほどのヴァリエイションがあるが、英語ではつねにＩとyouである（二人称には古くは単数形のthouと複数形のyeがあったが）。これはもちろん、日本語を使う社会の方が上下関係に敏感だという事実を反映している。

他にも例えばイヌイットの言語には「粉雪」や「牡丹雪」などいろいろなタイプの雪を表す語彙が数多存在するが「雪」という総称は存在しないとか、ロシア語には「荒い毛織物などが肌にちくちくする」ということを一語で表す動詞があるとか（綴りは知らないが「シェルセティーティ」と言うらしい）、イタリア語にはパスタの種類を意味する単語だけでも五百語以上あるとかいった事実が如実に示すように、事物や現象の境界線は言語によって大きく異なり、またどんな言語もつねに様々な形でその国や地域の文化を反映する。

ところで、言語の話とは別なレヴェルで、実に信じ難い話だが、蝶と蛾の生物学的分類の境界線はそれほど絶対的なものでもないらしい。例えばセセリチョウ科の蝶（skippers）は実は蝶よりもむしろ蛾に近いという。近い将来この種の蝶についての研究が進んで、これらが蛾に分類し直された場合、私はそのニュースを読んだ瞬間からこの種の「蝶」には触れることが出来なくなる気がする。

スプーナーとスプーナリズム――言い間違いが生み出す笑い

スプーナリズムとは「語頭音位転換」である。例えば car park と言おうとして par cark と言ってしまったり、King Richard を Ring Kichard と言い違えたりするようなものだ。スプーナリズムという名称はオクスフォード大学ニュー・コレッジの学寮長を務めたウィリアム・アーチボールド・スプーナー（一八四四〜一九三〇）に由来する。ロンドンに生まれたスプーナーはオクスフォードで古代史、哲学、神学を学び、生涯の大半をニュー・コレッジの研究員兼牧師として過ごした。彼はこの種の言い間違いを頻繁に繰り返していたので、それが有名になり脚色されていくつもの伝説になっているのである。実際に spoonerism という言葉はオクスフォードでは口語として一八八五年頃から使われていたらしい。

スプーナリズムの面白さは、語頭の子音や音節が入れ替わることによって、偶然別な意味になってしまうことがあるという点にある。今日まで語り継がれているスプーナーの失言に関する伝説の大半は学生たちが創作したものとされているが、それらは例えば彼が「我らが親愛なる女王」（our **d**ear **qu**een）と言おうとして「我らが奇人なる学寮長」（our **qu**eer **d**ean）と言い違えたとか、「半ば形になった望み」（half-**f**ormed **w**ish）を「半ば温められた魚」（half-**w**armed **f**ish）と、あるいは「よく油を差した自転車」（well-oiled **bi**cycle）を「よく煮込んだ氷柱」（well-**b**oiled icicle）と言い違えた、などといった話である。コレッジの中庭で火遊びをしていた学生を叱咤するのにスプーナーは、「君たちは中庭で嘘つきと戦っていた」（You were **f**ighting a **l**iar in the quadrangle.）と言ったとも伝えられている。これが「火をつけていた」（**l**ighting a **f**ire）を言い違えたものであることは説明するまでもない。

このような伝説の中で最もよく出来ているのは次に挙げる例だ。ろくに授業に出席せず成績不振に陥った学生に退学を勧告するに際してスプーナー先生は「君は私の神秘学の講義に対して黙れと野次を飛ばし、芋虫を丸ごと一匹味わった。君は次の下水に流されてオクスフォードを去ることになろう」（You have **h**issed my **m**ystery lectures; you have **t**asted a whole **w**orm. You will leave Oxford on the next **t**own **d**rain.）と宣《のたま》ったという。この台詞は本来なら次のようになっていたはずのものである。「君は私の歴史学の授業に欠席し、一学期を丸ごと無駄に過ごした。君は次の下り列車でオクスフォードを去ることになろう」（You have **m**issed my **h**istory lectures; you have **w**asted a whole **t**erm. You will leave Oxford on the next **d**own **t**rain.）。

『オクスフォード引用句辞典』の第二版（一九五三）では、よく引用されるスプーナーの名台詞として **kinquering congs**（conquering kings「征服王」を言い違えた例）と **tasted two worms... town drain** を挙げていたが、第三版（一九七九）では **weight of rages**（rate of wages「賃金率」を「怒りの重さ」と言い違えた例）のみを挙げ、その他の有名なスプーナリズムの実例については、「この辞典の以前の版に挙げたものを含め、その多くは正典と認められない」と記している。日常的に彼が繰り返していた言い間違いの多くは、Ring Kichard の例のように特に意味をなさないものが多かったのであろう。もちろん有名な例のいくつかは実際にスプーナーによって語られた「正典」であったのかも知れないが、文字として残っていない以上、今となっては確認する術がない。

またこのような語頭音位転換に限らず、例えばＪ・Ｍ・シングの戯曲『西国の伊達男』（*The **Playboy** of the Western World*）を彼は『西国の農夫』（*The **Ploughman** of the Western World*）と称したり、スコットランド最北端の地名ジョン・オグロゥツ（John o'Groat's）をジョン・オヴ・ゴーント（John of Gaunt——エドワード三世の四男）と間違えたりといった単純なものも多かった。この程度のことは誰でもやりそうだが、スプーナーは特にこれが激しかったと伝えられている。

スプーナーがこのような伝説を生み出すほどに頻繁に言い違えていた理由は、頭の回転が速過ぎて発話がそれについて行けなかったため、と推測されている（確かに、私の恩師や知人にも何人か、そういう傾向の顕著な人がいる）。スプーナーの外見は極端に背が低く目つきが鋭く（極度の近視だったため）、体格の割に頭が異様に大きく、メラニン色素の欠如のゆえか妙に色白で、浮世離れしたグロテスクな様相だったという。内面は神経質で小心者だが人柄はよく、牧師としてはそれなりに人望もあったらしい。浮世離れした奇人というのはオクスフォードの学者の多くに共有される特質ではあるが（というよりも世界中の大学教師の多くに、と言うべきかも知れないが、特にオクスフォード大学では伝統的にその奇人度が尋常でなく、さまざまな伝説が生まれている）、その中にあってもなおスプーナーは伝説として語り継がれるほどの愛すべき奇人であった。

この奇人の特徴のひとつとして「上の空であること」（absent-mindedness）が挙げられる。おそらくは哲学や神学といった高邁で深遠な事柄についていつも考えていたためであろうが、スプーナーの思考はつねに日常的な次元を遥かに遊離していた。以下のエピソードはある英語の教科書に載っていたものである。第一次世界大戦が終わった頃のある日、戦地から帰って来た学生を廊下で呼び止めて、スプーナー先生曰く、「あー、ええと、あれは君だったかな、それとも君のお兄さんだったかな、戦死したのは」(Ah, well, is that you or your brother, who was killed in the war?)。また急進派ジャーナリスト・出版業者のヴィクター・ゴランツがスプーナーにニュー・コレッジでの晩餐に招かれたときのこと、ゴランツがスプーナーの客間で待っていると、スプーナーは鏡に向かって一所懸命にネクタイを結んでいた。隣の部屋に続く扉が少し開いていて、そこから誰かが文章を朗読する声が聞こえていたと、ゴランツは述懐している。ネクタイ結びがうまく行くとスプーナーは満足して、ゴランツを従えて部屋を出て、晩餐の行われる大広間に向かって足早に歩き始めた。ところが階段を途中まで降りたところでスプーナーは矢庭に踵を返し部屋に戻ると、ひとりでまだ朗読を続けていた従順な学生に向かって、「だめだ、まったくなっとらん。来週までに使徒伝についてのレポートを書いて来るように」と言い残し、再び広間に向かったという。つまり、ゴランツが到着したときにスプーナー先生は、オクスフォード名物「テュートリアル」(tutorial――個人指導。週に一度、学生がレポートを書いて来てそれを読み上げ、担当教員がコメントを与えるという形式で進められる)の最中だったのだ。しかし、ネクタイを格好良く結ぶこととゴランツをもてなすことに気を取られていたためか、彼は授業中であることを完全に忘却し、階段の途中でそれをやっと思い出したということなのである。スプーナー先生はほとんど聞いてもいないそのレポートに不合格を宣告し、次の週までに同じようなレポートを書き直して来い、と命じたのであった。他にもこの教科書には、スプーナーが遠い町へ出かけるときに、オクスフォード駅まで見送りに来ていた自分の妻にチップを渡し、ポーターに別れのキスをして列車に乗り込んだ、というエピソードが紹介されている。

スプーナーのような奇人を愛して伝説化すること自体が非常に英国的である。彼は英国でなければ、さらに言えばその英国の中でも奇人の楽園として名高いオクスフォードでなければ、これほどまでに伝説化されていなかったであろう。と言うよりも、そもそも英国でなければ、またオクスフォードでなければ、このような人物は育たなかった、と言った方がいいかも知れない。一方、英語は他のヨーロッパ語と比べて遥かに語彙が豊富であることから、語頭音位転換によって偶然別な意味になってしまう可能性もそれだけ高い。スプーナーの言い間違いは英語だったからこそここまで創造的になり得たのである。英語の言葉遊びに関する本を多く著している米国の著述家リチャード・リーダラーは「スプーナーは私たちに、心に響く間違いと英語の恐ろしさの両方を同時に見せてくれた」(Spooner gave us tinglish errors and English terrors at the same time.)と述べている。

英語の辞書に関する無駄話三題

突然だが、十八世紀英国最大の文豪は誰か。詩人アレグザンダー・ポウプか随筆家ジョウゼフ・アディソンか、あるいは『ロビンソン・クルーソウ』のダニエル・ディフォウ（慣用的表記では「デフォー」）か『トム・ジョウンズ』のヘンリー・フィールディングか。答えはいろいろあり得るだろうが、やはり十八世紀英国最大の文豪にして十八世紀英国文化を体現する巨匠と言えば「ジョンソン博士」ことサミュエル・ジョンソン（一七〇九〜八四）を挙げるべきではなかろうか。だがその場合、ではジョンソンの代表作は何か、と問われると少し困る。詩も戯曲も小説（散文の物語と称するべきか）ももちろん書いたのだが、これらの分野で文学史に名を残しているとは言えない。ジョンソンの代表作と言えば、文学史の主流からは外れるが、評論文と伝記と旅行記、そして何よりも『英語辞典』（一七五五）であるに違いない。ジョンソンは世界初の本格的な英語辞典と目されるこの辞書を、ほぼ七年で一人で書き上げた。

ジョンソンの『英語辞典』以前に英語の辞書がなかったわけではない。ジョン・カージィの『新英語辞典』(一七〇二)やナサニエル・ベイリーの『一般英語語源辞典』(一七二一)など、十八世紀前半には日常語をも含めた英語の辞典が既に存在した(難語句だけを説明した語彙集は十七世紀初頭に遡る)。だがベイリーは例えば〈猫〉を「周知の動物」、〈苺〉を「周知の果物」としか説明しておらず、今日的な意味で「本格的な」英語辞典とは言い難い。英語辞典の始祖と言えばやはりカージィでもベイリーでもなくジョンソンなのである。

一人で、それもわずか数年で、辞書を制作するのがどれほど大変なことかは想像に難くない。フランスでは一六三五年に言語アカデミーが設立され、四十人で半世紀以上かけて一六九四年に『アカデミー辞典』を完成させた。イタリアでも一五八二年にアカデミー(クルスカ学会)が創設されて、一六一二年に『クルスカ学会辞典』が刊行されている。自国語の辞書編纂で出遅れた英国では、十八世紀初頭のジャーナリズムの興隆も相俟って、英語辞典に対する期待が高まっていた。しかもその頃、海外貿易や科学技術の発展によって言葉が目まぐるしく変化していたため、英語の規範を確立することが急務だったのである。ジョンソンは一七四六年に出版業者ロバート・ドズリーと契約し、ロンドンのゴフ・スクエアに借りた部屋(現在はジョンソン博物館になっている）に籠って辞典の執筆を開始した。

ジョンソンの『英語辞典』の特徴はその独特の語釈のみならず、単語の用例を多くの文学作品から引用して示していることでもある。原則として王政復古（一六六〇）から遡ってルネサンス時代のサー・フィリップ・シドニー（一五五四〜八六）までの作家の文章から用例を引用している（実際には同時代の作家やジョンソン自身の文章からの引用もあるが）。引用件数の上位は多い順にシェイクスピア、ドライデン、ミルトンで、特にシェイクスピアからの引用が突出して多い。絶対的な定義ではなく実例によってその単語の実相を示すというジョンソンの手法は、英語の多様性や不規則性を暗示しているだけでなく、英国的な経験主義を実践して見せているとも言えよう。ジョンソン自身がこの辞書の序文で述べている通り、英語の多様性・不規則性を矛盾なく法則化して明示することは不可能であり、英語は個々の実例から学ぶしかないのである。

辞書を一人で執筆するということは、著者の個人的な知識や思想がその語釈に大きく影響するということでもある。ジョンソンの辞典で最も有名なのは〈カラスムギ〉（oats）の語釈「穀物の一種。イングランドでは一般に馬の餌となり、スコットランドでは人間の食糧となる」（A grain, which in England is generally given to horses, but in Scotland supports the people）であろう。ジョンソンのスコットランド嫌いは夙《つと》に有名で、しかも彼が辞書執筆のために雇っていた六人の助手のうち五人がスコットランド人だったので（有能な人材を選んだら結果的にスコットランド人が大多数を占めたのであろう）、身近なスコットランド人を揶揄することも意図されていたと考えられる。ジョンソンの死後『サミュエル・ジョンソン伝』を書くことになる若い友人ジェイムズ・ボズウェル（スコットランド人弁護士）とはこれを書いた時点でまだ出会っていないが、のちにボズウェルはこの語釈に対して「だからイングランドでは優秀な馬が育ち、スコットランドでは優秀な人間が育つ」と言い返した。この見事な斬り返しは、イングランドがサラブレッドの原産国であり、英国史上の各分野における偉人（特に科学者・発明家・探検家）には人口比からすれば不均衡なほどスコットランド人が多い、という事実を考えると余計に味わい深い。

この辞書の〈物品税〉（excise）の語釈「日用品に課される憎むべき税金。民間の資産鑑定家ではなく税金を徴収する側に雇われた卑劣漢によって査定される」（A hateful tax levied upon commodities, and adjudged not by the common judges of property, but wretches hired by those to whom excise is paid）も面白い。この語釈にある「卑劣漢」（wretches）はジョンソンが好んで使う言葉で、他にも例えば〈密輸業者〉（smuggler）は「正義と法を公然と破って関税を払わずに物品を輸出入する卑劣漢」（A wretch, who, in defiance of justice and the laws, imports or exports goods either contraband or without payment of the customs）、〈支援者〉（patron）は「奨励・

支援・保護する者。通常は横柄な態度で支援して（被支援者に）諂《へつら》われる卑劣漢」（One who countenances, supports or protects. Commonly a wretch who supports with insolence, and is paid with flattery）である。この〈支援者〉の語釈には裏話があって、ジョンソンが辞書執筆を始めた頃、第四代チェスターフィールド伯爵（政治家・文筆家。息子への手紙で有名）に支援を求めて無下に断られたのだが、辞書の完成直前になって伯爵が急に支援者面し始めたので、腹を立てたジョンソンが慇懃無礼極まりない絶縁状を認《したた》めて絶交し、それでも収まらない怒りを〈支援者〉の語釈にぶちまけたのであった（伯爵は面白がっていたらしい）。

この辞書が書かれたのは今から二百数十年前なので、当然のことながら今の英語とは異なる部分もある。例えば factory は「工場」ではなく「在外商館」（何しろ当時は産業革命より前の時代なので）、stationer は「文具商」ではなく「書籍商」である（ジョンソンの父も stationer であった）。一方で novel は「長編小説」ではなく「小噺、一般に恋愛物語」（A small tale, generally of love）であり、novelist は「小説家」以前に「改新者、新案を自分のものと主張する者」（Innovator; assertor of novelty）である。十八世紀の英国は『ロビンソン・クルーソウ』に始まり『トム・ジョウンズ』で頂点を極めた長編小説の伝統が確立した時代だが、当時「小説」は novel よりも history であった（『トム・ジョウンズ』の原題は *The History of Tom Jones, A Foundling*）。日本の英語学習者には「history＝歴史」

と覚えている人が多いようだが、例えば神話や古典文学の一場面を描いた絵画をhistory paintingと称するように、historyの原義は「歴史」というより「物語」であり、historyとstoryは元々同じ単語だ。美術用語のhistory paintingも「歴史画」と訳されることが多いが「物語画」の方が正確であろう。

当時の英語は綴りも現在とは異なっていて（というよりも正書法が未だ定まっておらず）、ジョンソンの『英語辞典』によって現在の綴りが確定したとも言える。だがジョンソンの綴り方にも現在と異なるものが散見され、例えば彼はmagicやmusicをmagick、musickと綴り、「英語では語尾にcを用いることはない」と断言している。ジョンソンの主張は当時としても古いものだったようだが、magic、musicを当然と考える私たちもこの主張を記憶の片隅に置いておかなければならない。なぜなら、例えばtrafficに語尾—ed、—er、—ingを付ける場合、trafficked、trafficker、traffickingと、本来あったはずのkを復活させなければならないからである（mimic、panic、picnicなども同様）。ジョンソンが言うように—ckが元来の形であったことを覚えておく必要があるのだ。

ジョンソンの『英語辞典』出版から百余年後の一八五七年に、新しい英語辞典（仮称『新英語辞典』*A New English Dictionary*）の出版が言語学協会（Philological Society）によって計画された。存在する全ての英単語を、ジョンソンの辞典に倣って豊富な用例を添えて説明するという、画期的な辞典である。初代編集主幹に就任した若い言語学者ハーバート・コウルリッジ（詩人S・T・コウルリッジの孫）は程なく肺炎で急逝し、この辞典の発案者フレデリック・ジェイムズ・ファーニヴァルが後を継いだ。その後、第三代編集主幹のスコットランド人言語学者ジェイムズ・マリーがこの編集グループとオクスフォード大学の橋渡し役を務め、完成した暁にはオクスフォード大学出版局から発行されることになった。

マリーはオクスフォード北部のバンベリー・ロードに居を構え、日々原稿を書き続けた。オクスフォード大学出版局はマリーの家から徒歩圏内にあったが、無論のこと書き上げた原稿をいちいち徒歩で届けている暇はなく、毎日膨大な量の原稿を出版局宛てに郵送していたため、ついにマリーの自宅前に専用の郵便ポストが設置された（このポストはもちろん一般人も投函することが出来るもので、今も変わらずそこにある）。

マリーは過去のあらゆる英語の文献から用例を採取するために、一八八〇年代初頭に民間のヴォランティアを募集した。その応募者の一人に元軍医の米国人ウィリアム・チェスター・マイナーがいた。マイナーは脳の病気の治療のために渡英してロンドンの下町ランベス地区に住んでいた頃、自宅への侵入者を射殺して逮捕されたのだが、精神異常のため無罪となり、オクスフォードシャー州の隣のバークシャー州で終身監禁されていた。マイナーはマリーに正体を明かすことなく十数年にわたって用例を送り続け、マリーからの幾度ものオクスフォードへの招待も理由を告げず丁重に断っていた。一八九六年の晩秋にマリーが初めて隣の州にマイナーを訪ねた先は犯罪歴のある精神病患者を監禁する施設であり、そこで初めて彼はこの協力者の素性を知ることになる。この二人の物語はノン・フィクション作家サイモン・ウィンチェスターによる『教授と狂人』（*The Professor and the Madman*）という本に詳しく書かれていて、映画化もされている（邦題は『博士と狂人』）。

こうして『新英語辞典』は、マリーが世を去って十三年後の一九二八年に完成して、全十巻で出版された。その後、一九三三年に増補版が全十二巻で出版され、この時に『オクスフォード英語辞典』（*The Oxford English Dictionary*）に改名されて『ＯＥＤ』という略称も定着した。邦題を『オクスフォード英語大辞典』とすると日本語でも略称が『ＯＥＤ』になる。一九八九年に第二版が出て全二十巻プラス補遺三巻となり、現在も改訂作業が継続している。一九八八年にＣＤ-ＲＯＭ版が出され、二〇〇〇年からはオンライン版も利用可能になった。

マリーの死後、一九一八年に戦地から帰還した若い言語学者が『新英語辞典』の執筆陣に加わった。数年後にオクスフォード大学のアングロ＝サクソン語教授となり、のちに『ホビット』と『指輪物語』で一世を風靡するJ・R・R・トルキーンである。トルキーンは二年後にリーズ大学に准教授として赴任し、その四年後に三十二歳の若さで教授に昇格し、翌年オクスフォード大学に移籍した。

『ホビット』、『指輪物語』はホビット族という小人の物語で、そこには昔話などでよく知られる種類の小人 dwarf も登場する。この dwarf の複数形は dwarfs だが、トルキーンはこれを dwarves としている（ほぼ同じ時期にトルキーンの親友C・S・ルイスは『ナルニア国物語』で dwarfs と綴っている）。トルキーンのこの「間違い」に気づいたある編集者が、鬼の首でも取ったかのように「『OED』ぐらいちゃんと引いて下さいよ」とか何とか言ったらしいのだが、それに対してトルキーンは「『OED』を書いたのは俺だ」と言い返したらしい。トルキーンの dwarves はおそらく誤りではなく意図的なものであろう。なぜなら、『ホビット』の出版前の原稿をトルキーンはルイスに何度も見せていたのだから、もし間違いならルイスがすぐに気づいて指摘していたはずだ（ことによるとルイスに指摘されて意地を張って dwarves で通したのかも知れないが）。いずれにせよ、『ホビット』、『指輪物語』は世界中で広く読まれたので、今では多くの辞書が dwarf の複数形として dwarfs と dwarves の両方を認めている。

言葉は日々変化する。それは英語に限ったことではないが、英語は世界のあちこちで使われていることもあって、その変化の速度が尋常でない。だから辞書も頻繁に改訂される。新しい単語や用法が次々生まれるので、改訂のたびに新たな見出し語を追加しなければならず、紙面の都合上古くなった単語や用法や「不要不急の」記述は削除される。だが、この「不要不急の」部分にこそ面白さがあって、そういう箇所が辞書から消えて行くのは実に惜しい。そんな例を、私が学生時代から愛用している『プログレッシブ英和中辞典』第二版（小学館、一九八七）から二つほど紹介したい。

まずはCollinsである。その語釈には「《英話》（客からの訪問に対する）礼状▼Jane Austen著*Pride and Prejudice*中の人物William Collinsの名より」とある。ジェイン・オースティンの名作小説『高慢と偏見』に登場するベネット家の五人姉妹の従兄に当たる冴えない牧師ウィリアム・コリンズである。結婚願望の強いこの青年は第十四章から第二十二章にかけてベネット家に滞在し、本命の長女ジェインは見込みがないと知ると次女エリザベスに求婚して断られ、その後すぐエリザベスの幼馴染のシャーロットに求婚して婚約に至る。ベネット家を辞去したコリンズから第二十三章で早速礼状が届く。このコリンズの行動に由来するCollinsの「訪問の礼状」という語釈は第三版

（一九九八）以降削除されている。

もう一つは ribald である。「リバルド」と発音する。これは形容詞で「野卑な、みだらな、品のない、下品な、口ぎたない」、名詞で「野卑［みだら］なことを言う人、下品な人」という意味であり、名詞としての語釈に続けて「▼ Browning の詩 *Pied Piper* では piebald と韻をそろえるため「ライボールド」と発音する」と第二版には書かれている（「ライボールド」の部分は発音記号）。ケイト・グリーナウェイによる絵本でも親しまれているロバート・ブラウニングの詩「ハーメルンの斑の笛吹き」で、笛を吹いて町中のネズミを追い払った笛吹きが報酬を請求すると、市長は約束した金を払わず「役立たずの笛を持って斑の服を着た／怠惰で下品な奴」（a lazy ribald / With idle pipe and vesture piebald）と笛吹きを罵倒する。この箇所では ribald を、piebald（パイボールド）と韻を踏むために、「ライボールド」と発音する必要がある。この興味深い説明書きも第三版以降には見当たらない。

このような楽しい記述を辞書に見出すのはたいてい、別なことを調べていて偶然目にするか、あるいは暇に任せて当てもなく辞書を「読んで」いる時である。目的の単語しか表示されない電子辞書にはこういう偶然の発見という楽しみがない。

コラム

少年たちのための読書案内

二〇〇七年五月十六日の『タイムズ』に、十三歳から十九歳までの少年（要するにteenage boys）のためのお勧め本リストが掲載されている。これは教育相アラン・ジョンソンが始めた読書習慣普及活動の一環で、六十万ポンド（約一億四千万円）の予算が組まれ、英国中のすべての中等学校にこのリストに掲載された一六七作品の中から任意の二十冊が無料で贈呈されるという。

なぜ「少年たち」に限定されているかというと、英国では何年か前から中等教育における学力の男女差が深刻化しているからであり、その原因は少年たちの多くがあまり本を読まないことだからである。ジョンソンも明言しているように、読書量は国語（つまり英語）のみならずあらゆる科目の学力に直結するのである。学力の男女差はこの国の大学入試の結果に如実に表れていて、Aレヴェル（大学入試の全国共通試験）の学校別成績順位では上位二十のほぼすべてを女子パブリック・スクールが毎年占めている。このことを伝える数年前の新聞記事（手許にないので出典を明記出来ない）の分析では、男子生徒の間に勉強や読書を「女々しいこと」と考える風潮があり、勉強など出来ない方が「カッコいい（cool）」という考え方が蔓延しているせいでもあるという。

本を読まない少年たちの多くはおそらく、読書が根っから嫌いなのではなく、単に読書の面白さを知らないだけなのであろう。このリストは彼らに読むことの面白さを実感させることに主眼が置かれていて、それゆえに古典文学の必読書よりも親しみやすい「面白い」本が優先されている。たとえばシェイクスピアやミルトンはもちろんのこと、オースティンやディケンズの作品さえも含まれておらず、科学知識や雑学に関する本や日本製の「マンガ」(外来語として manga で通じる)が入れられていたりする。いわゆる『ギネス・ブック』も第五位にエントリーされている。

有名な文学作品としては第十五位にダニエル・ディフォウの『ロビンソン・クルーソウ』、十八位にメアリー・シェリーの『フランケンシュタイン』、二十位にR・L・スティーヴンソンの『宝島』、二十一位にJ・R・R・トルキーンの『ホビット』、二十二位と二十三位にそれぞれマーク・トゥエインの『トム・ソーヤー』と『ハックルベリー・フィン』といった作品が含まれている程度だ。『アリス』も『ナルニア』も『ハリー・ポッター』も入っていない一方で、フィリップ・プルマンの『北極光』(十七位)、ダレン・シャンの『血の獣』(六十位)といったファンタジー作品が含まれている。ロアルド・ダール作品からは『チョコレート工場』でも『マチルダ』でもなく自伝『少年』が一〇六位に選ばれている。珍しいのは二十六位にランクされているカズ・キブイシの『フライト』である。この作家は知らなかったので調べてみたところ、一九七八年東京都生まれの米国で活躍する漫画家とのことだ（キブイシなどという苗字が日本に実在するのかと思ってこれも調べてみたが、「木部石」と書くらしい）。また一六一位に青山剛昌の『名探偵コナン』が入っている。

『タイムズ』の記事によれば、このリストは自身もかなりの読書家であるジョンソンが個人的に作成したものらしい。並べられている作品の是非には色々と意見もあるだろうが、このリストはあくまでもきっかけに過ぎず、ここから少年たちが本の面白さを覚え、自分の好きな作品を自分で見つけられるようになればよいということなのである。

第2章
一筋縄では行かない発音の話

クイーンズ・イングリッシュへの裏道

かなり昔の話だが、暮れも押し迫ったある晩を友人宅で無為に過ごしていた時のこと、見るともなく見ていたテレビではエリザベス女王が恒例のスピーチを行っていた。すると唐突に、友人が耳を疑うような台詞を吐いた。曰く、「この人、英語ヘタだな」と。私はまずどこから反論したらよいのかさえわからず、言葉を失うばかりだった。いいか、この人の英語こそが文字通りの「クイーンズ・イングリッシュ」であり、いやそもそもクイーンズ・イングリッシュ、あるいはキングズ・イングリッシュとは……と説明しようかとも思ったのだが、それも面倒に思えて、ただ一言、「お前、面白いこと言うなあ」と呟いただけだった。

だがよく考えてみれば、この友人の言いたいこともわからなくはない。特に英語に関しての知識を持たない普通の日本人にとっては、米国のそれも西海岸あたりの方言こそが「英語らしい英語」であり、それは母音の後のアールの音を必要以上に舌を巻いて捻り出し、あるいはJapanを「ジェアペア〜ン」などと、waterを「ウワラ〜」などと発音するような、カギカッコつきの「英語」なのである。たとえばtwentyを「トゥエンティ」とちゃんと発音するのは日本人のカタカナ英語のようであり、「トゥエニー」というのが「英語らしくて」「格好いい」と本気で思っている日本人は少なくない。どこかで聞いた話だが、ある米国企業の日本支社では、日本語の会話の中でもコピーのことを「カピー」と称しているという。こんなのを英語らしい英語だと思われた日には、シェイクスピアやジェイムズ一世やジョンソン博士やBBCやオクスフォード大学出版局、それに何と言ってもエリザベス女王の立場がない。

元来の「標準的な」英語は「原則として」スペリング通りにひとつひとつの音を略さずに発音する。こういう英語なら世界中（少なくとも英語が通じる国であれば）どこへ行っても立派に通用し、尊敬される。しかしこのような発音が結果的に、くだんの友人をはじめとする多くの日本人には「英語らしくない英語」に聞こえてしまうのであろう。と、このように大上段に構えて偉そうに解説している私自身も、中学・高校時代に習った「英語の」教科書はほぼ米語一辺倒であり、大学時代にはミシガン・メソッドによるＬＬの授業が必修だったので、ある時期までは米語こそが本物の英語だと信じて疑わなかったのだ。だからエリザベス女王の英語を「ヘタだ」と称する友人の言わんとするところもわからなくはないのである。

クイーンズ・イングリッシュがある種のカタカナ英語のように聞こえるということは、逆に言えば、日本人のカタカナ英語にいくらかの「改良」を加えればクイーンズ・イングリッシュに近い立派な英語になる、ということになろう。米語を英語らしい英語と勘違いしつつも、多くの日本人は「クイーンズ・イングリッシュ」という響きにある種の憧れを抱いている。それならばカタカナ英語の特性を逆に活かしてクイーンズ・イングリッシュに近づいてしまおうではないか。なお、私たち日本人が英語を話す場合、英語の母語話者とまったく同じ発音をすることは不可能だし、またそうする必要もない。むしろ英語の発音に日本人らしさを残した方が望ましいという考え方が最近では主流になって来た。一方で子音エルとアールの混同に代表されるように、日本式カタカナ英語は思わぬ誤解を招くこともある。ここで私が提起するのは、最低限の子音の発音だけ英語らしくなるよう練習して、あとはカタカナ英語で代用するという方法である。これによって、もちろん完全にではないが結果的に割と「本物」に近い英語を話すことが可能になり、諸外国で立派に通じてしかも尊敬されるというおまけがついて来るのである。

「クイーンズ・イングリッシュ」というのは、ほぼ「標準英語」（いわゆるRP＝Received

Pronunciation）と同義と考えてよい。このような英語に近づくために、まずは「f, l, r, th, v」の六つの子音の発音を練習する必要がある。五つしかないじゃないか、と言わないように。「th」には無声音（throw とか bath などの場合）と有声音（this とか bathe など）がある。ただしこれら六つだけでは十分ではない。「b, d, m, n, p, t」が語尾に来る場合のために、これらの子音も練習しておく必要がある。たとえば cut は「カット」ではなく「カッ t」でなければならない。なぜなら「カット」と言うと語尾の t の後に「オ」という母音が入ることになる。それなら他にも語尾の「k」や「s」などは練習しなくてよいのか、という疑問もあろうが、これらは必要ない。たとえば「駅まで歩く」と「私は学生です」を、それぞれ声に出して読んでみてほしい。たいていの人は最後の「く」と「す」を「k」、「s」と母音を伴わずに無声音の子音だけで発音しているであろう（ただし関西方言ではこれらを文字通り「ku」、「su」と発音する傾向がある。だから関西弁ネイティヴの人はこれらも練習しましょう）。それからこの六通りの語尾の子音の後に「s」がつく場合（つまり名詞の複数形や動詞の三単現の場合）も押さえておく必要がある。

子音「f」は「無声唇歯擦音」といって、下唇の内側を上の前歯で軽く噛んで、声帯を使わずに息だけで音を出す。この「f」を有声音にしたのが「v」（有声唇歯擦音）

である。「l」（有声歯茎側流音）は舌の先を歯茎（上前歯の付け根あたり）に当てて声帯を使って発音する。一方で「r」（有声歯茎流音）は唇をすぼめて舌先と歯茎の間で発音する。日本語のラ行の子音の前に小さく「ゥ」の音（ワ行の子音のような音）があると考えればよい。「l」と「r」を区別する練習方法をひとつ紹介しておこう。用意するものはティッシュペイパーを一枚。たいていは二枚で一組になっているから、剝がして一枚にした方が使いやすい。この一枚のティッシュペイパーの端を軽くつまんで、自分の鼻に当てて口の前に垂らす。そして、「lice / rice」でも「light / right（write, wright）」でも何でもよいから「l」と「r」で対になっている単語を発音する。この時に、「l」を発音する瞬間にはティッシュペイパーが動いてはいけない。「r」では逆に動かなければいけない。というわけで「l」と「r」の発音を身につけたら、次は「th」である。これはまず舌の先端を上下の前歯で軽く噛む。そして声帯を使わずに息だけで発音するのが無声歯擦音の「th」、声帯を使うのが有声歯擦音の「th」である。

語尾の子音はまず「b」と「p」から練習しよう。いずれも唇を閉じた状態から破裂させるように息を押し出して発音するが、この時に声を出すのが「b」（有声両唇閉鎖音）、出さないのが「p」（無声両唇閉鎖音）である。有声歯茎閉鎖音「d」と無声歯茎閉鎖音「t」は先ほどの「l」の時と同様、舌の先を上歯茎に当てて、その位置で息を破裂させて発音する。有声両唇鼻音「m」は唇を閉じたまま声帯を使って発音する（ちなみに、この音は幼児が最初に覚える子音であり、したがって多くの言語において「母親」と「食べ物」を意味する幼児語は「m」で始まる）。有声歯茎鼻音「n」は舌の先端を「l」や「d」と「t」の時と同じく上前歯の付け根に当て、唇を少し開いた状態で声を出す。日本語の「ン」というよりは「ンヌ」に近い音になる。舌先をこの位置に当てていないと、たとえば現在分詞（～ing）の語尾のような「ング」という音（有声軟口蓋鼻音）になってしまうので注意されたい。

これら以外の音はたいてい日本語の五十音のどれかで代用できる。あとはそれぞれの単語の強勢（いわゆる「アクセント」のことだが、英語ではこういう場合stressという）と、センテンスの中でどの語が強く発音されるかということを心得ておけば完璧だ。

というわけでこの話もここで終わってしまってよいのだが、せっかくだからシェイクスピアのソネット（十四行詩）を使って実際に発音練習をしてみよう。太字は強勢を表すが、韻律よりも意味を優先していることをお断りしておく。

これはソネットの第十七番である（シェイクスピアはソネットにタイトルを付けていない

Such heavenly touches ne'er touched earthly faces.'
サッch・**ヘ**vンlイ・**タ**ッチィz・**ネ**ア・タッcht・**アー**thlイ・**フェイ**スィz
（そんな天上の筆致が地上の［人間の］顔に現れるわけがない」と。）

So should my papers, yellowed with their age,
ソウ・**シュ**d・マイ・**ペイ**パーz・**イエ**lオゥd・ウィth・thエアr**エイ**ジ
（それゆえ私の原稿は、時を経て黄ばみ、）

Be scorned, like old men of less truth than tongue,
ビー・ス**コー**nd・lアイk・**オゥ**ld・**メ**n・オv・l**エ**s・trウーth・thアン・**タ**ンg
（軽蔑されるだろう、まるで口先だけの嘘つき老人のように、）

And your true rights be termed a poet's rage
アンd・ヨー・tr**ウー**・r**アイ**ts・ビー・**ター**md・ア・**ポ**エッts・r**エイ**ジ
（そして君への正統な賛辞も詩人の狂気と称され）

And stretchèd metre of an antique song.
アンd・str**エ**ッチt・**ミー**ター・オv・アn・アン**ティー**k・**ソ**ンg
（また古くさい歌に特有の誇張された韻律と称されるだろう。）

But were some child of yours alive that time,
バt・**ワー**・サm・**チャイ**ld・オv・**ヨー**z・アl**アイ**v・thアt・**タイ**m
（だがもしその時君の子供が生きていたら、）

You should live twice: in it, and in my rhyme.
ユー・シュd・l**イ**v・t**ワイ**s・イn・**イ**t・アンd・イn・マイ・r**アイ**m
（君は二度生きることになるだろう、その子の中に、そして私の詩の中に。）

Who will believe my verse in time to come
フー・ウィl・ビl**イー**v・マイ・v**アー**s・イn・**タイ**m・トゥ・**カ**m
（誰が私の詩を信じるだろうか、来たるべき未来に）

If it were filled with your most high deserts? —
イf・**イ**t・ワー・f**イ**ld・ウィth・ヨー・**モゥ**st・ハイ・**デザー**ts
（たとえこの詩でどんなに君を賛美したとしても）

Though yet, heaven knows, it is but as a tomb
th**オゥ**・イエt・**ヘ**vn・ノゥz・**イ**t・イz・**バ**t・アz・ア・**トゥー**m
（だが、確かに、この詩は墓石のようなものに過ぎない）

Which hides your life, and shows not half your parts.
ウィッch・**ハイ**ds・ヨー・l**アイ**f・アンd・**ショウ**z・**ノ**t・ハーf・ヨー・**パー**ts
（この詩は君の生涯を隠匿し、その半分も示すことが出来ない。）

If I could write the beauty of your eyes
イf・アイ・**ク**d・r**アイ**t・thア・**ビュー**ティ・オv・ヨーr**アイ**z
（もし私が君の瞳の美しさを書くことが出来たとしても）

And in fresh numbers number all your graces,
アンd・イn・fr**エ**sh・**ナン**バーz・**ナン**バー・**オー**l・ヨー・グr**エイ**スィz
（そして拙い一連の作品の中で君の美を数え尽くしたとしても）

The age to come would say 'This poet lies;
thイ・**エイ**ジ・トゥ・**カ**m・ウd・**セイ**・thイs・**ポ**エt・l**アイ**z
（未来の世代は言うだろう、「この詩人は嘘つきだ）　↗

ので、ソネットはすべて番号で呼ばれる）。詩人がある「美しい人」に向かって、「私の詩でいくら君の美しさを讃えても未来の人々には信じてもらえない。だから早く結婚して子をつくり、君の美（の証拠）を未来に残しなさい。そうすれば君の美も私の詩も生き続けることになる」と言っているのである。そう言われると、人間の想像力を遥かに超えた絶世の美女を勝手に思い浮かべてしまいたくなるが、この「君」というのが実はある名門貴族の若い男である、という事実はシェイクスピア研究家の間ではすでに常識となっている。それが実際に誰なのかについては二説あるようだが（若き日の第三代ペンブルック伯爵か、若き日の第三代サウサンプトン伯爵か）。

それはともかく、自分の英語を「本物」らしくするもうひとつのコツは stiff upper-lip である。これは文字通り「堅い上唇」あるいは「堅い鼻の下」（upper-lip は上唇だけでなく、鼻と口の間をも含む）という意味だが、転じて感情が顔に出ないイングランド人の性質を表すイディオムとして使われる。ここで言うのはイディオムではなく文字通りの意味であり、実際RP話者のイングランド人が話すときには上唇があまり動かない。これを真似して上唇をあまり動かさず、口を大きく開けずにボソボソと呟くように発音すると、より「本物」らしい英語に聞こえるようだ。ただ、冒頭で言及した友人のような「普通の日本人」には「この人、英語ヘタだな」と言われるであろうが。

Estuary English——近頃の若い者の英語

「河口英語」（Estuary English）とは英国の言語学者デイヴィッド・ロゥズウォーンの造語であり、主にイングランド南東部の中産階級の若者が話す英語を指して言う。ロンドン東部からテムズ河口にかけての地域で最初に聞かれたことからこのように命名された。しかしながらロゥズウォーンがこの新語を発表したのは一九八四年のことであり、初期河口英語世代は既に古希を迎えつつある。最近ではテムズ下流域に限らずかなり広い範囲で河口英語が話されるようになっていて、また中産階級ばかりでなく例えば上院議員の中にもこの種の英語を話す者がいる。文字通り「クイーンズ・イングリッシュ」を体現するはずのエリザベス女王の発音にさえ、河口英語の影響が認められるようになって来たという（御園 二〇〇四）。また近年では、ＢＢＣのニュース番組でも河口英語に近い発音を耳にすることがある。このような英語が発生した背景には、ロンドンから郊外へ移住する人口が増加し、ロンドン方言とケント州やサリー州あたりのＲＰ（もともとこれらの地域にはＲＰ話者が多かった）が混合したことがある。河口英語の特徴はおよそ次の通りである。

（1）語尾や音節尾の子音lがwの音になる。

例えばfallは「フォール」というよりも「フォーウ」に近くなり、milkは「ミウク」と聞こえる。但しlightやlordなどの語頭のlは普通にlとして発音される。これは語中や語尾の「曖昧エル」（dark l）がより曖昧化したためにwのように聞こえるということである。語頭のlは「明瞭エル」（clear l）なので決して曖昧化しない。

（2）語尾や音節尾の子音tが声門閉鎖音（glottal stop）化する。

声門閉鎖音になるということはつまり、実際には音を発しないということであり、itは「イッ」、outは「アウッ」、butterは「バアー」と発音される。ロンドンの南にある空港Gatwickは河口英語では「ガッウィック」、footballは「フッボーウ」になる。この傾向は特に若年層に顕著であり、このような発音は伝統や体制といったものに対する無意識の反逆とも考えられている（Coggle 1993）。twentyを「トゥエニー」と発音するのは米語的な印象があるが、河口英語でもそう発音される。

（3）語頭のtはより強く息を吐き出して発音される。

RPはアメリカ標準発音と比べてすべてのt音を強く発音する傾向があるが、河口英語では語中や語尾のtが発音されない一方で、語頭のtはいっそう強く発音される。そのためtakeは「チェイク」、tellは「ツェウ」と聞こえる。

（4）長母音［iː］が二重母音のようになる。

例えばmeが「ミー」ではなく「メイ」に近くなり、また（3）の特徴と相俟ってteaが「ツェイ」のように発音される。

（5）子音の後のy音が脱落する。

「ニュース」（news――正しくは「ニューズ」）の語頭の子音nの後にはyの音（発音記号では［j］）がある。この［j］音を脱落させると「ニューズ」は「ヌーズ」になる。これは米語にも見られる特徴だが、河口英語でも顕著である。例えばstudentはRPでは「ステューデント」だが、河口英語では「ストゥーデント」、マグロ（tuna）はRPなら「テューナー」、河口英語なら「トゥーナー」になる。日本語の「ツナ」はおそらく米語からの外来語であろう。裸体を意味する「ヌード」(nude)も同様に、「正しい」英語をカタカナ化すれば「ニュード」である。一方でlとsの後の[j]音はRPでも脱落することが多く、absolute、suitableはRP、河口英語双方において「アブソルート」、「スータブル」と発音される。これらを「アブソリュート」、「スュータブル」と発音すると非常に保守的な印象を聞く人に与える。また、dの後の[j]音は脱落するのではなくdの子音そのものに干渉し、dutyやdualはそれぞれRPでは「デューティー」、「デューアル」だが河口英語では「ジューティー」、「ジューアウ」に近くなる。但しDid you〜、Won't you〜は本来なら「ディッデュー」、「ウォウンテュー」だが、これらについてはRPでも「ディッジュー」、「ウォウンチュー」が許容される。

(6) stがshtに近い音になる。

先ほどstudentは河口英語では「ストゥーデント」だと言ったが、この特徴を加味すれば「シュトゥーデント」と表記するべきだったかも知れない。河口英語では例えばstrikeが「シュトライク」、instructionが「インシュトラクション」と聞こえる。

(7) 特定の語彙に米語的発音が用いられる。

一例を挙げれば either、neither は英語では「アイザー」、「ナイザー」だが、河口英語では米語と同様「イーザー」、「ニーザー」と発音される。

これらの発音上の特徴に加えて、河口英語にはその特有の言い回しがある。例えば Thank you や Good-bye の意味での Cheers、Hello の代わりの Hi、あるいは人にものを渡すときの Here you are が There you go になる、といった特徴である。私が二〇〇二年夏と二〇〇三年夏に滞在したオクスフォードの宿のおばさんは、朝食を持って来るときにいつも There you go と言っていた。オクスフォードはテムズ河口からかなり距離があるが、このように現在ではかなり広い範囲で、かなり広い年齢層が河口英語的な英語を話しているのである。レディング大学の複数の言語学者による研究では、ロンドンの北約八十キロにある新興都市ミルトン・キーンズの一九九〇年代初頭の若者の発音に、河口英語の特徴の多くが顕著に認められたという (Maidment 1994)。

多くの研究者が指摘しているように、河口英語の若者たちの間での急速な普及には、RPが象徴する伝統主義、保守主義への反逆という側面がある。上層中産階級以上の保守的な年輩者たちは河口英語という「近頃の若い者の英語」に眉をひそめ、伝統的な「美しい」英語が損なわれて行く現状を憂慮して一頃は新聞の投書欄を随分と賑わせた。年輩のＲＰ話者にとって河口英語は、米語と同じくらい「耳障りな」英語らしい。一方で地方の若者たちにとって河口英語は「都会的な」、「洗練された」英語に聞こえるため、それなりに魅力のあるものだという。また下層中産階級や労働者階級の若者たちにとっては、河口英語は自分の「家柄を隠す」ための「都合のよい」英語でもある。ロゥズウォーンは一九九四年の論文で河口英語を「英語の均一化への初めての試み」と評価して、将来的に河口英語が「標準語」化する可能性を暗示している。しかしながら、辞書の発音記号通りの発音という意味で「模範的な」ＲＰが河口英語に淘汰された場合、私たち日本人のような「外国語としての英語」の学習者にとって、英国の英語はもはやその規範としての価値や魅力を失うかも知れない。

参考文献

木村和夫‘Some Aspects of Estuary English’『文学論叢』第１１８号（愛知大学文学会、１９９９）、１９０-２０２頁

御園和夫「英語の母音変化——エリザベス女王の30年」『シルフェ』第43号（シルフェ会、２００４）、18-23頁

Coggle, Paul, *Do You Speak Estuary?* (Bloomsbury, 1993).

Levey, David and Tony Harris, ‘Accommodating Estuary English’, *English Today* 71 (Cambridge University Press, 2002), pp. 17-20.

Maidment, J. A., ‘Estuary English: Hybrid or Hype?’, Http://www.essex.ac.uk/speech/teaching-01/474/maidment.html

Rosewarne, David, ‘Estuary English: tomorrow’s RP?’, *English Today* 37 (Cambridge University Press, 1984), pp. 3-8.

——, ‘Pronouncing Estuary English’, *English Today* 40 (Cambridge University Press, 1994), pp. 3-8.

コラム

クールな発音、クールでない発音

英語の「カッコいい発音」(cool accent)とはどういう発音か。ブランドイメージの調査などを行う「クールブランズ」(CoolBrands)が二千人を対象に行ったアンケートの結果によれば、一位は(予想出来るとおり)いわゆる「クイーンズ・イングリッシュ」で、二位はスコットランド方言、三位が「ジョーディー」(ニューカースルおよびタイン川流域の方言)という結果になった。クイーンズ・イングリッシュは全体の約二十%の得票で、以下スコティッシュが十二%、ジョーディーが九%、ヨークシャー方言とロンドン下町のコックニーが同率四位で七%、続いて北アイルランド方言とウェイルズ方言が六%と五%、リヴァプールの「スカウス」とマンチェスター方言が同率八位で四%、第十位はウェスト・カントリー(イングランド西部、すなわちサマーセット、デヴォン、コーンウォールの三州)方言で三%という結果だった。そして最下位にランクされたのがいわゆる「ブラミー」(Brummie)、つまりバーミンガム(およびウェスト・ミッドランズ地方)の方言であった。もっとも「その他」と「不明」の回答率を合わせると二十一%になるという。

バーミンガム方言の何が不人気の理由なのだろうか。二〇〇八年九月二十四日付の『テレグラフ』の記事によると、ブラミーはこのような調査では必ず最下位になり、それは特有の鼻にかかった発音が「あまり知的でない」(less intelligent)印象を与えるからだと言われている。BBCのh2g2というサイトでもブラミーは「最も軽蔑されやすい」方言と紹介されている。ここでの分析によれば、この方言は不可解なわけでも特殊な語彙が多いわけでもなく、ましてバーミンガム市民の人格に問題があるわけでもなく、嫌われる理由は単にその音だという。その特徴として、たとえばウェイルズ英語のようにメロディアスなわけでもなく、低い単調なイントネイションが連続し、センテンスの最後でさらに唐突に下降するため、聞いている方は気が滅入ってしまい、また話者の気分も落胆しているように思われてしまうらしい。

この他にバーミンガムおよびウェスト・ミッドランズ地方の方言の一般的特徴として、アイルランド方言と同様に二重母音「アイ」が「オイ」になり(I quite like it は「オイ・クウォイt・ロイキッt」)、「オウ」や「エイ」が弱化する、長母音「アー」が短くなり短母音「イ」が長くなる、子音rがスコットランド方言のように巻き舌で発音される、語尾の子音tは頻繁に脱落する、子音hは常に脱落する、また子音ngのgが強くなり、特に次が母音の場合にはgが二度発音される(Birmingham は「バーミングガム」)、などが指摘できる。

それにしても、日本でこのようなアンケート調査を行ってその結果を発表した日には、最下位に選ばれた地方自治体が激怒したりして洒落にならなくなりそうな気がする。

英国の方言――デヴォン編

英語にも様々な方言がある。イギリス英語とアメリカ英語は発音にも語彙にも（場合によっては文法にも）相違が認められるし、カナダの英語は標準的な米語と明らかに違う。アイルランド共和国の首都ダブリンで話されている英語（この国では英語が第二公用語であり、第一公用語はあくまでもアイルランド語）はジョナサン・スウィフト（一六六七〜一七四五――『ガリヴァー旅行記』の作者）によれば「世界で最もよい英語」なんだそうだが、これは主観の問題だ。さらに、世界中には英語を母語としないが英語を共通語として用いている地域があり、それぞれが発音、語法ともに独自性を発揮しまくっている。例えばシンガポールでは、付加疑問文は主語・動詞の形にかかわらずたいてい isn't it? か is it? になるらしい。

英国の中だけでもイングランド、ウェイルズ、スコットランド、北アイルランドにはそれぞれ独自の英語がある。「英語」を英語で「イングリッシュ」と言うくらいだから、イングランドのそれが「標準」なのかと言えば、話はそれほど単純ではない。イングランドの中にも気が遠くなるほど多くの方言があるのだ。

イングランドの方言には「縦」と「横」がある。「縦の方言」とは階級の「方言」のことで、つまり上流階級の英語、中産階級の英語、労働者階級の英語という区分になる。いわゆる「クイーンズ・イングリッシュ（国王が男性の時はキングズ・イングリッシュ）」は狭義では王室の英語、広義では上流階級と上層中産階級（聖職者や研究者や上級軍人、それに法廷弁護士などのいわゆる専門職階級）の英語を意味する。この階級の英語にも色々なヴァリエイションがあり、「クイーンズ・イングリッシュ」イコール「標準語」ということにはならない。「模範的な英語」の代名詞とよく言われる「BBC 英語」もまた、BBC のアナウンサーが話す「特殊な」英語だ。例えば「プライヴァシー」を「プリーヴァシー」と発音したり、朝のニュースの始まりの挨拶が Very good morning to you. だったりする。

「横の方言」とは言うまでもなく地理的な方言を指すが、「縦の方言」と「横の方言」は密接に関係している。なぜなら、上流階級や上層中産階級の人々の話し言葉はどこの地方に行っても標準語だ。横の方言それぞれの特質を最も伝えているのは多くの場合、下層中産階級と労働者階級の人々なのである。イングランドの標準語は英語音声学の世界では「ＲＰ」すなわち「容認発音（Received Pronunciation）」と呼ばれるが、これは「ロンドンとブリストルを結んだ直線より南側に生まれ育った学のある人が話す英語」と定義されている。面白いことに、その「学のある人」養成所の頂点であるはずのオクスフォードとケインブリッジが、いずれもこの容認発音の境界線より北にある。

と、ここまでは前置きである。今回はデヴォン州の方言についてお話ししたい。デヴォン州はイングランド南西の半島の付け根に位置する、南北に海岸、中央に大丘陵地帯を有する風光明媚な地方である。かつては「デヴォンシャー」と呼ばれていたが、現在は「デヴォン」である。州都として古都エクセターが、第二都市として港町プリマスがある。デヴォン全域が容認発音の境界線よりは確かに南であるが、この線より西に大きくずれている。ロンドンやスコットランド北西部、あるいはディーンの森と並んで『ハリー・ポッター』シリーズのゆかりの地でもある。

たとえば愛知県内でも名古屋弁と三河弁にはかなりの違いがあるが、デヴォン州の中でもそれぞれの地域によって方言がかなり異なる。ここではデヴォン全域に見られる特徴をいくつか紹介しよう。まずは一般動詞の過去形と過去分詞形が、原則としてすべて「～ d」「～ ed」になる。「go - went - gone」は「go - goed - goed」、「sing - sang - sung」は「sing - singed - singed」である。いちいち変化形を覚えなくて済むから楽でよい。
この地方の方言には are という be 動詞が存在しないらしい。一人称複数（つまり we）および二人称（単数でも複数でも you。ついでながら、you は〈一人でも複数〉と覚えておこう）の be 動詞の現在形は are ではなく am か is か be のいずれかになる。人称代名詞は主格（I, we, he, she など）の代わりに目的格（me, us, him, her など）が使われることが多い（ただし him はあまり使われず、男性についても her が使われ、後述のように er になる）。また無声音の子音（f, s, t など）が有声音化する（v, z, d などになる）。例えば「見る」（see）の過去形は zee'd、「言う」（say）の過去形・過去分詞形は zed だ。そして、語尾の子音 n は m に変わることが多く、例えば Devon は Devom になり、さらに Deb'm とか Dem などになったりする。ここまでを復習すると、We are from Devon. は Us is vrom Deb'm. とか Us be vrom Dem. というようなことになる。

　ロンドンの下町方言、いわゆる「コックニー」と共通する特徴もある。それは語頭の子音hの脱落である。『マイ・フェア・レイディ』の主人公のコックニー娘イライザはヘンリー・ヒギンズ先生の名前を「エンリー・イギンズ」としか発音できない。一方でコックニーでは二重母音「エイ」は「アイ」になるが（したがって『マイ・フェア・レイディ』というタイトルには「わが麗しの淑女」という意味の裏に「メイフェア（ロンドンの高級住宅街）をマイフェアと発音する姉ちゃん」というような意味が隠されている）、デヴォン方言では二重母音「エイ」は長母音「アー」になる。また語中の長母音「イー」が「エイ」と発音される。したがってcakeは「カーク」、hay fever（花粉症）は「アー・ヴェイヴァー」、そしてseasideは「ゼイザイド」だ。途中の母音が脱落する場合もあり、例えばmarried（「既婚の」）はmarr'd（「台無しにされた」？）になってしまったりする。

日本人は一般に英単語をカタカナで表記するとき、長母音と二重母音の区別にきわめて無関心である。例えばcommunicationは「コミュニケーション」、boatは「ボート」という表記が定着しているが、前者は厳密には「コミュニケイション」、後者はあまり正しくないが強いて言えば「ボゥト」である。「コート」と書かれていてもそれがcourtかcoatかcoteのいずれであるか、場合によってはにわかに判断できない。「ロード」に至ってはlとrの問題もあるので、「主」なのか「荷物」なのか、「道」なのか「乗った」のかよくわからない。なぜ唐突にこんな話をするかと言うと、デヴォン方言では二重母音「オゥ」が長母音「オー」になってしまうので、日本人的カタカナ表記にとっては都合がよいのである。例えばoldは本当は「オゥルド」でなければならないが、デヴォン方言なら「オールド」でよい。「ホーム」（home）は正しくは「ホゥム」でなければならないが、この地方では「オーム」だ。デヴォンの文学的英雄として讃えられているチャールズ・キングズリー（一八一九〜七五——代表作『水の子』）はエクセターとプリマスのほぼ中間に位置するHolneという小さな村の出身であり、この地名の発音をカタカナでなるべく正確に書こうとすると「ホゥン」だが、地元では単に「オーン」と発音される。デヴォンの北海岸にウェストウォード・ホゥ！という変な名前の町があるが、これはキングズリーの冒険小説『ウェストウォード・ホゥ！』（*Westward Ho!*）にちなんで名付けられた。このタイトルは「西行き出航！」という意味の船乗りの掛け声だが、デヴォン風発音をカタカナで表記すると「ウェイストウォード・オー！」になって、よりいっそう掛け声らしくなる。

デヴォンではeで始まる単語に気を付けなければならない。語頭の「エ」は必ず「イ」か「アエ」のいずれかになってしまうので、endは「アエンド」、everyは「イヴリ」になる。またuの短母音（cut, judge などのu）と二重母音oi（noise, boil など）はいずれも短母音「イ」になる。したがってputは「ピット」、joinは「ジン」と発音される。同様にboyは「ビー」だ。ついでながら、愛媛方言では女の子が「びー」、男の子は「ぼー」らしい。

一方でありがたいことに、日本人やフランス人が苦手とする子音thがデヴォンでは発音しやすくなることがある。無声音のth（throw, thin など）がdに置き換わり、数字の「3」が dree になったり、デヴォン地方にもよくある「草葺き屋根の家」（thatched cottage）が「ダッチト・コティッジ」になったりする。「アザミ」（thistle）はデヴォン西部では dashel、東部では doishel になる。また語頭、語尾の th は脱落することも多く、that は「アット」、with は「ウィ」になる。

デヴォン方言には次のような奇妙な特徴もある。まずは、子音 r が勝手に移動して、run が urn になったり print が pirnt（pernt と綴られることもある）になったりする。また sk は前後が入れ替わって、例えば ask は「アクス」と発音される。さらに、（おそらくは）聞き間違いがそのまま定着したとしか思えない語彙がいくつかある。例えば「原稿」（manuscript）が「熱狂者の借証券」（mania-scrip）、「肉屋の肉」（shambles meat――shamble は肉屋のカウンター。農場の自家製肉と区別するためにこのような語句がある）が「鉱山発掘友達」（shammel-mate）、「先祖」（ancestors）が「伯母姉妹」（aunt-sisters）、「兆候」（symptom）が「ツエッエ蠅／馬鹿者」（zim-tim）といったものだ。ことによると、面白がってわざと間違えているうちに定着したのかも知れない。

最後に、デヴォンに特有の言い回しや熟語をいくつか挙げておこう。普通は「外国へ」の意味で使われる abroad がこの地方では「粉々に割れて」の意味でも使われる。たとえば My teacup fell off the table and went abroad. と言われても、この用法を知らなければ「私のティーカップはテーブルから落下し、外国へ行った」という訳のわからない話になってしまう。それから Thank you などのあとに付ける very much はデヴォンでは billy-o で、lak billy-o の形で使われることも多い。また、「コーンウォール人のお世辞」(Cornish compliment)とは「大して価値のない贈り物」のことだ。コーンウォールはデヴォンの西隣の州である。そして Zindy-go-t'Matein は主に衣服について使われる形容詞で「よそ行きの」という意味である。これはつまり Sunday-go-to-Matin ということであり、「日曜日に朝の礼拝に行くための」という意味を表す。田舎の小さな村の人たちは日曜日の朝にはたいてい教会に行くのであり、教会に行くときにはそれなりにちゃんとした服装で行くことから、このような意味になったのである。

参考文献

Marten, Clement, *The Devonshire Dialect* (Peninsula Press, 1992).

英国の方言——リヴァプール編

リヴァプール方言のことを「スカウス」（Scouse）という。スカウスとは元来、リヴァプール界隈で昔から食されている鍋料理のことだ。ジャガイモとタマネギとニンジンと牛肉あるいは羊肉、さもなくばコーンビーフを煮込んだもので、アイルランドのアイリッシュ・シチューと似ているが、いずれも伝統的に庶民の日常的なメニューであった。その「スカウス」が転じてリヴァプール市民（『OED』に掲載されているこの用例の最も古いものは一九四五年）やリヴァプール方言を意味するようになったのである。『OED』には一九六三年六月三日付の『ガーディアン』の記事が後者の意味での最も古い用例として引用されているが、その記事の内容は次のようなものである。「このロックグループはリヴァプールを一夜にしてエンターテインメント界で注目される場所に変えてしまった。このグループの二枚のレコードが発売されてから、スカウスの単語をいくつか覚えておくことがロンドンの業界人にとって不可欠になった」。

『OED』にはこの部分しか引用されていないので詳しい文脈は不明だが、「このロックグループ」とは多分ビートルズであろう。なお、現在では「リヴァプール市民」のことは「スカウス」というよりも「リヴァパドリアン」（Liverpudlians）、あるいはそれを略して「パドリアン」という方が普通である。これは Liverpool の pool の部分をわざわざ puddle に変えて、さらに人を表す接尾辞 -ian を付けて出来た俗語だ。英語で pool といえば「水たまり」や「小さな池」を指すが、リヴァプールの街は混沌としているので puddle（泥沼）の方が似つかわしい、ということで部外者が冷笑的に、あるいは市民が自虐的に、名付けたのであろう。

リヴァプールはマージー川の河口に位置する港町である。十八世紀以降とくに米国との貿易で栄えたが、一九五〇年代から六〇年代にかけてはアメリカ文化の入口としての機能を持っていた。初期のビートルズは米国の黒人音楽（とりわけリズム＆ブルーズなど）の影響を濃厚に受けていたが、これは彼らがリヴァプールで生まれ育ったことと密接に関係している。またリヴァプールはアイリッシュ海を挟んでアイルランドと向かい合っていて、このこともこの街の歴史を考える上で極めて重要である。十九世紀中葉にはアイルランドから大量の人口流入があり、現在でもアイルランド系の住民（すなわちカトリック）が多い。姓を見ても明白なとおり、ビートルズの四人のうち主に作詞作曲を担当している二人（言うまでもなくレノンとマッカートニー）はアイルランド系であり、明らかにイングランド的な響きを持つハリスン（Harrison は文字通り「ハリーの息子」）も母親がアイルランド系であり、それ故に彼らが書く詩にはアイルランド的な機知とユーモアが散見される。

このような歴史的経緯から、スカウスすなわちリヴァプール方言はアイルランド英語とアメリカ英語の影響を受けて、さらに人口急増期に他の英国の方言とも混ざり合い、十九世紀後半頃にその特徴的な部分が確立したと言われる。スカウスの特徴として一般に指摘されているのは、独特の鼻にかかったような発音と発話の途中や末尾で唐突に上昇するイントネイションである。個別の音素ごとの特徴としては、まず語尾の -y を強く発音することが挙げられる。たとえば cloudy や rainy などの語尾の「イー」が第一強勢の母音と同程度の強さで発音される。これは近隣の他の方言にはまったく見られない特徴である。

次にアイルランド方言の影響として、子音 th が有声音の場合は d や z、無声音の場合は t や s に近くなる、ということが指摘できる。これはつまり th を発音する際に舌の先端を十分に上下の前歯の間に入れないということだ。これは日本人やフランス人の英語にもよく見られる特徴である。一方で t の子音は語尾では「チ」と発音され

（たとえば night は「ナイチ」、front は「フロンチ」になる）、語中では r の子音で代用される。後者は米語にも見られる特徴であり、たとえば letter は「レラー」、water は「ウォラー」あるいは「ワラー」になる。ビートルズは 'Let It Be' のサビを「レリッビー、レリッビー」と歌っているが、あの時期のビートルズの英語はリヴァプール方言と言うより作為的なアメリカ訛りと考えるべきだろうか。さらに語頭の t や d には s に近い子音が混ざり、たとえば drink は［dsrink］（敢えてカタカナで表記すれば「ヅリンク」になろうか）、toy は［tsoy］（同じく「ツォーイ」）というような発音になる。

リヴァプール英語の特徴は発音ばかりではない。この地方に特有の語彙や表現は枚挙に暇がないが、全体的に言えることは貧しい生活から生まれた表現、権威に対する反発を示す表現、長い語を略した語尾の「イー」などが多く見られることである。また、性行為や飲酒に関連する語彙が異常に豊富なのも特徴のひとつであろう。

貧しい生活から生まれた表現としては、たとえば blind scouse というのがある。これはいわゆる鍋料理としての「スカウス」の、肉を入れないものである。菜食主義者のためのスカウスということではない。スカウスに入れる牛肉や羊肉は安い細切れ肉であるが、それすらも買うことが出来ない人たちが仕方なく食するのがこの「ブラインド・スカウス」なのだ。また同様な例としてマーガリンとマスタードを塗ったパンを二枚重ねたものを mock ham sandwich（偽ハムサンド）という。一方で「代金」や「価格」を意味する damage もこの種の語彙のひとつであろう。買い物をするときに支払う金額はそれだけの「損害」あるいは「痛手」なのである。また「着飾った状態」を表す dressed up がこの地の方言では costy「金がかかる」と表現されるのも面白い。権威に対する反発が現れている最も特徴的な語として、「警察官」を意味する filth が挙げられよう。この単語の通常の意味は「汚物」、「汚らわしさ」である。

性に関する語彙が多いことは方言や特定の世代間の俗語の多くに共有される特徴だが、スカウスにおいてはその数が尋常でない。代表的なものをアルファベット順に紹介しよう。anytime Annie「いつでもアニー」とは「売春婦」であるが、何故「アニー」なのかは不明。「エニー」との語呂合わせであろうか。動詞で bag off は「性交のために密会する」、berd-watcher は「女に色目を使う男」だが、もちろん bird-watcher に引っかけた洒落で、berd はイングランド北部やスコットランド方言で「少女」や「淑女」を意味する（burd とも綴る）。「女性器」を box と称するのは米国伝来であろう。「昼間に性行為を行うこと」は to do a matinee である（matinee は芝居などの「昼の部の上演」）。「性行為を途中でやめる」ことを get off at Edge Hill「エッジ・ヒルで降りる」と表現する。エッジ・ヒルはリヴァプールのターミナル駅ライム・ストリートのひとつ手前の駅だ。英語でHouse of Commonsと言えば普通は「下院」だが、リヴァプールでは「売春婦の性器」をも意味する。他にも性関連の語彙は枚挙に暇がないが、これくらいにしておきたい。

飲酒関連の語句が異常に多いのは、やはりアイルランド系住民が多いからであろうか。何しろアイルランドと言えばスタウト（黒ビール）、特にギネスである。飲酒に関するリヴァプール的語彙をアルファベット順に紹介すると、まずは「いつまでも飲み続けること」を意味するbenderというのがある。次に「酔っぱらった」という意味のbevviedというのがあるが、これは次の段落で紹介するbevvyを動詞に転用し、その過去分詞形を形容詞として使っているのである。またblitzedも「泥酔した」という意味の分詞形容詞だが、元来の意味はもちろん「空襲を受けた」である。同じく泥酔した状態を表すchemicked、kayliedという分詞形容詞もある。さらにどうしようもなく酔っぱらった状態を表すのはlushedである。一方でほろ酔いの状態を表す形容詞としてmerryがある。他にもひどく酔った状態を表す形容詞としてpalatickとrottenもあるが、前者は「ワインの識別力」を意味するpalateと関係があるのかないのか不明、後者は「腐った」、「異臭を放つ」が元来の意味である。また「酔いつつある状態」を表すwell awayは「（通常の状態から）十分に離れた状態」が原義だろうか。「難破した」という意味の wrecked もまた「酔っぱらった」という意味で使われる。これだけ多くの語句があるということは、リヴァプールにはそれだけ泥酔者が多いということを如実に表していると推測できよう。

語尾の「イー」を強く発音することがこの地方の英語の特徴のひとつであることにはすでに触れた。一方で長い単語の後半を「イー」に置き換えることは全国的に見られる特徴だが（例えば wellington boots を wellies、chocolate を chocky と言うような例。主に幼児語だが、大人も使わなくはない）、リヴァプールにはこのようにして成立した俗語が非常に多い。例えば「飲み物」、とくに「ビール」を意味する bevvy（bevarage）、「フィッシュ・アンド・チップス店」chippy、「煙草」ciggie（cigarette）、「便所」lavvy（lavatory）、「牛乳配達人」milkie（milk man）、「携帯電話」mobie（mobile phone）、「家賃集金人」rennie（rent collector）、「ズボン吊り」sussies（suspenders）などである。ほかにも語源がよくわからないものとして「ゴミ収集人」binnie（dust bin の bin か）、「サンドウィッチ」butty（butter と関係があるのか）、「電気屋」lecky（electricity の lec の部分か）、「病院」ozzy（hospital の os か）などがある。このうちのいくつか、例えば「チッピー」や「スィギー」などは他の地方でも普通に使われる。ビートルズ映画『ア・ハード・デイズ・ナイト』のジョージ・ハリスンの台詞の中に grotty というのがあり、grotesque のことなのだが、これは脚本家の創作で実際には当時リヴァプールにこのような言い方はなかったらしい。

スカウスに関してひとつ気になることがある。それは、鼻に関する語（句）が妙に多いことだ。リヴァプール方言が鼻にかかった発音になることと何か関係があるのだろうか？「鼻」を意味する単語には、bewdle、boodle、bugle などがあり、また goobie は「鼻をほじくること」、nuck nose は「硝子窓に押し当てられて平たくつぶれた鼻」である。一方で、「鼻の上の自転車」bike on the nose は「眼鏡」である。確かにジョン・レノンの丸眼鏡は、鼻の上に自転車が乗っているように見えなくもない。

この最後の例のようにスカウスにはちょっとした言い回しに独特のユーモアを込めたものが散見される。例えば「牛乳」を cow juice と表現したり、「背が高い人」を cud wind de Liver clock（could wind the Liver clock: ライヴァー・クロックのネジを巻くことが出来る）と言ったりする。ライヴァー・クロックというのはリヴァプールのランドマーク的建築物「ライヴァー・ビルディング」の時計塔であり、この時計に手が届くほど背が高い、ということだ。また「高架鉄道」を docker's umbrella「港湾労働者の傘」と呼ぶ。「人工中絶を行う診療所」を意味する Irish takeaway には少しばかり説明が必要であろう。まず、英国には「お持ち帰り専門の中華料理店」Chinese takeaway というのがある。同様にお持ち帰り専門のインド料理店 Indian takeaway というのもよく見かける。ちなみに、「お持ち帰り」を「テイクアウト」と言うのは米語であり、英語では「テイクアウェイ」だ。そして、「アイルランド料理のお持ち帰り専門店」というのは原則として存在しない。一方で、アイルランドは敬虔なカトリック国であるゆえ、人工中絶は禁止されている。そこで、望まない妊娠をしてしまったアイルランドの女性は、密かに海を渡ってリヴァプールへ中絶手術を受けに来るのであり、そこから生まれた表現が Irish takeaway なのである。一方で「新聞紙」を linen と言うのもリヴァプール的である（浮浪者が新聞紙を布団にして寝ているイメージ）。また louse ladders「シラミの梯子」というのはモミアゲのことである。初期のビートルズのインタヴュー記事を読んでいたら、彼らが自分たちの髪型について語る場面があり、そこでは louse ladders ではなく sidies と言っていた。これは sideburns の後半を「イー」にした例だ。

独自のユーモア感覚を込めた表現としては他に two bagger「袋二枚の人」というのがあり、これは「人並外れたブス」を意味する。とても見るに耐えない顔なので袋を被せておかなければならず、しかもその袋が落ちてしまった場合のためにもう一枚被せておかなければならない、ということだ。それから、「喉が渇いている状態」を表すのに as dry as a witch's tit などと言う。この tit は「乳首」だが、それでは「魔女の乳首」とは一体何の喩えなのか。昔話に登場する魔女はたいてい老婆だが、そういう魔女の乳首というのは、何となく干からびたイメージということなのであろうか。ついでながら、ビートルズの名曲のひとつ「ガール」に「ティッティッティッ……」というコーラスが入る箇所があるが、あれは tit tit tit tit…つまり「乳首乳首乳首乳首」と歌っているのだと、レノンが公言しているのをどこかで読んだ記憶がある。

さて、リヴァプールには国教会とカトリックの二つの大聖堂がある。このうちカトリック大聖堂は、英国の大聖堂とは思えないような超近代的なものであり、この大聖堂を Paddy's Wigwam「パディのテント小屋」と言う。Paddy とはアイルランド人によくある名前（Patrick の愛称）で、アイルランド人一般を指す呼称でもある。カトリック信徒の大部分はアイルランド系であるため、この大聖堂は「パディのテント小屋」と呼ばれるのだ。この大聖堂は他にも launching pad（ミサイル発射台のことで、その建物の形からの連想だが、同時に pad を Paddy に掛けている）とか Mersey Funnel（マージー川の漏斗。これも形態からの発想）とも呼ばれる。パディ関連ではもうひとつ、グレイト・ホゥマー・ストリートの中古品市を Paddy's market と言う。

他にもリヴァプール的な表現として、o'clock を bells というのがある。「七時に会いましょう」は See you at seven bells. になる。「素晴らしい！」という意味の感嘆詞 boss! や、フットボールのゴールキーパーを cat と言うのもリヴァプール的である。また

judy は女性全般を意味し、kid は何故か「弟」だ。「タレント」(talent)は「才能」や「芸能人」というよりも「美男美女」を意味する。Dur's no talent ere. は「ここには美女(美男)がいない」ということだ。人と別れるときには goodbye よりも ta-ra の方がリヴァプール的であり、相手が言ったことを聞き返すときにも sorry? とか I beg your pardon? よりも yer wha? がよい。礼を言うときに thank you の代わりに ta と言うのは他の地域でもよく耳にするが、これもリヴァプールでも使われる。

つなぎの言葉として文頭、文中、文尾を問わず頻出する(標準英語の you know に相当する)間投詞として like というのがある。ただし、これも必ずしもリヴァプール方言に限った用法ではない。夏目漱石の『坊っちゃん』の英語版(アラン・ターニー訳)では、語尾の「ぞなもし」をこの like で表現していた。

参考文献

Briscoe, Diana, *Wicked Scouse English* (Michael O'Mara Books, 2003).
Fazakerley, Fred, *Scouse English* (Abson Books London, 2001).

第3章 英語で旅する英国

英国の地名——イングランド編

突然だが、豊橋とケインブリッジ（慣用的表記ではケンブリッジ）は似ている。何故なら、「豊橋」という地名の由来は「豊川に橋が架かっている場所」ということであり、同様に「ケインブリッジ」は「キャム川に橋が架かっている場所」が原義だからである。ついでながら「オクスフォード」は「牛の浅瀬」を意味する。あのあたりではテムズ川（あの界隈での呼称はアイシス川）の水深が、牛でも歩いて渡れるほどに浅くなっているのだ。

英国、特にイングランドの地名は、ある程度の知識があればその由来を容易に解読でき、それによってそこがどんな場所かを、さらにはその土地の歴史をある程度知ることが可能である。例えばマンチェスター、ウィンチェスター、チチェスターなど、「チェスター」が付く街は大抵、紀元前五〇年頃から西暦四〇〇年頃までのいわゆる「ローマン・ブリテン時代」にローマ人によって築かれた城下町である。「チェスター」

は「城塞」を意味するラテン語 castra が変化したものだからである。ランカスター、ドンカスターなどの「カスター」も、サイレンセスターやウスター（Worcester）やグロスター（Gloucester）の「（セ）スター」も、この castra のヴァリエイションであり、これらもかつてローマ軍が軍事拠点を築いたことから発展した都市である。

大聖堂で有名なカンタベリーやソールズベリーなど、「ベリー」で終わる名前を持つ街の多くは、ローマ軍が引き上げた後に入れ違いに移住してきたアングロ＝サクソン人が作った城下町である。この場合の「ベリー」はアングロ＝サクソン語（古英語）で「城塞」を意味する burgh の変化形の一つであり、したがって最後に burgh、borough あるいは brough が付くラフバラ、モールバラ、ミドルズブラなども同様である。北海に面した美しい町スカーバラの市について詠ったイングランド民謡「スカーバラ・フェア」はサイモン＆ガーファンクルがリメイクして一九七〇年代に世界的に知られるようになったが、この曲が日本語で「スカボロー・フェア」と表記されたためか（S＆G自身が「スカーボロウ」と発音している気がする）、スカーバラを「スカボロー」と誤記しているのを今も見かける。ドイツ、オーストリアあたりにはハンブルク、ザルツブルクなど「ブルク」が付く街がいくつかあるが、これは「ベリー」「バラ」のドイツ語ヴァージョンだ。また現代英語で borough は都市部の「区」を意味する。

エクスマス、ウェイマス、ダートマス、エイヴォンマスなどの「マス」は mouth であり、これは「河口」を意味する。それぞれ順にエクス川、ウェイ川、ダート川、エイヴォン川の河口に位置している。そのエクス川のほとりにローマ人が建造した城下町が「エクス・セスター」つまり現在のデヴォン州の州都エクセターだ。軍港都市ポーツマスが「河口の港」の意であることは想像に難くない。一方イーストボーン、パングボーン、セルボーン、シャーボーンなどの「ボーン」は「小川」が原義である。ノーベル賞作家ウィリアム・ゴウルディング（一九一一～九三）の小説『ピラミッド』（一九六七）は架空の田舎町スティルボーンを舞台とするが、そこには文字通りの「淀んだ小川」が流れており、それが因習に囚われ腐敗した田舎町における淀んだ人間社会を象徴しているのだ。

ハンティンドン、ウィンブルドン、スウィンドンなどの「ドン」は「丘陵」を表す down の古い形であり、これらの町はみな丘陵地帯にある。ただしロンドンは例外で、これはローマ時代に「ロンディニウム」と呼ばれていたのを英語的に発音したものだ。ハンティンドンはごく平らな沼沢地帯の、他より標高がほんの少し高いところにあるに過ぎない。一方スウィンドンは日本語なら「豚が丘」だ。オクスフォードの東北東の、州境を越えてバッキンガムシャー州に入ったところにブリルという村がある。この地名は、丘を意味するブリトン語（ケルト語）breȝ と、同じく丘を意味するアングロ＝サクソン語 hyll（現代英語 hill の古形）が重なったものである。J・R・R・トルキーン（一八九二～一九七三）はこの地名の響きとこの村の雰囲気を大層気に入っていて、『指輪物語』のブリー（Bree）村のモデルにしている。だがブリー村の宿屋「躍る小馬」（the Prancing Pony）のモデルはこの村の宿屋やパブではなく、オクスフォードの北西に位置する町モートン＝イン＝マーシュ（グロスターシャー州）の「ベル・イン」（the Bell Inn）と言われている。

「ドン」が down であるのと同様、ウェストン、ティヴァートン、トーントンなどの「トン」は town であるが、これは古英語で「囲いを施した私有地」すなわち「農地」を意味する。「町」の意味になるのは中英語の時代以降である。先述のモートン＝イン＝マーシュは「沼地の農地」を意味する「モートン」に、さらに「沼の中の」を意味する「イン＝マーシュ」が付いている。マイケル・ボンドの童話『くまのパディントン』で知られるロンドンのパディントンは「パッダ氏の囲い地」に由来する。ここでの「パッダ」と「トン」の間に来る ing は所有を表すものであり、レディング大学があるレディングは「レダの（土地）」ということである。レダは「赤い」に由来する人名で、赤いのはおそらく髪であろう。大学時代の友人に、レディング大学というのはreading即ち講読ばかりを専門的に教える大学だと思っていた輩がいる。しかしもちろんレディングに限らずあらゆる大学というのは、切り売りされた知識の断片あるいは外国語の「会話」や情報処理など小手先の技能を身につけるところでは断じてなく、最終的には学問の方法（即ちその大部分は本の読み方）を学ぶ場であって然るべきなのだから、彼の「解釈」にも一抹の真理が含まれていたと思えなくもない。

語尾にhamが付く場合、大抵そのhは発音されず直前の子音に「アム」を付ける。フラム、ブロクサム、ニューナム、ラヴェナムなどがそれである。この場合のhamはhomeの古い形であり、元来は「囲い地」「農地」を意味した。現代英語でvillageよりも小さい「村」（独自の教区教会を持たず、近隣のvillageの教区に従属する集落）を意味するhamletにこの古英語の痕跡を見ることが出来る。ケント州にはハムという村があり、出来過ぎた話だがその村は港町サンドウィッチの近くに位置する。バーミンガム、バッキンガム、ノッティンガムなどに見られるように、所有のingと併用され「〜インガム」の形を取ることも多い。またウォルヴァーハンプトン、ノーサンプトン、サウサンプトン、オウカンプトンのように、「ハム」と「トン」が同時に使われることも少なくない。多くの場合、hamとtonを連続して発音すれば自然にそうなるように、間にp音が挿入されhamptonになる。

イングランドの東半分をある程度北上すると、「ビー」で終わる地名が目に付くようになる。あの楕円形のボールを使った球技の発祥地であるラグビー、産業革命の中心地の一つでもあるダービー、『ドラキュラ』の城のモデルにもなった古城の廃墟があるウィットビーなどである。この「ビー」は昔のスカンディナヴィア語で「農地」「村」もしくは「要塞」を意味する。この種の地名が北東部に多い理由は、スカンディナヴィア半島のデイン人が九世紀頃北からブリテン島に攻めて来て、ウェセックス王国のアルフレッド王との和平協定の結果、北東部に「デインロー」と呼ばれる地域を与えられて定住し、「ビー」が付く町を命名したというわけだ。その最南端がラグビーあたりで、それより南にはデイン人が名づけた土地は見られない。

スコットランド最北端に近い町ウィック、ロンドンよりも北極圏の方が近い最果てのシェットランド諸島（シェットランド・シープ・ドッグで有名だが、実際この島に行ってもこの種の犬はまず見かけない）における唯一の町ラーウィックなどの「ウィック」は同じくスカンディナヴィア語の「湾」に由来する。ただしベリック（スペリング上は「バーウィック」と読めるが、実際はwの子音を発音しない）、チズイック（同様に「チズウィック」ではない）、ケズイック、ウォリックあるいはオールドウィックなど、もっと南にある「（ウ）イック」が付く地名の場合、「（ウ）イック」は「住居」「（特定の目的に使用される）建物」

の意である。英語でchのスペリングは「チ」と「ク」（共に無声音）の二通りの読み方があり得るが、そうなるとchの綴りがkに変化することもあり得る。従って、チズィックとケズィックは同じ地名であり、前者はロンドン西郊にあり後者は湖水地方にあるが、共に「チーズを作る農家」を意味する。このようにchとkが入替可能であれば、当然「(ウ)ィック」はイプスウィッチ、サンドウィッチ、オールドウィッチのように「(ウ)ィッチ」にもなる。この場合子音wが発音されることが多いが、一方、天文台、世界標準時で知られるグリニッヂ、オランダへ船で行くときの港があるハリッヂ、あるいは十九世紀初頭に「ノリッヂ派」という風景画家の一派を輩出したノリッヂなどのように、wが発音されずchが有声音化して「イッヂ」となる例も多い。

と、このように、多くの地名はその土地の風土や歴史を暗示しているのであり、土地の特徴を示す貴重な文化遺産なのである。行政の都合だけで安易に地名を変更するどこかの国の愚行はどうにかならないものだろうか。

ケント州ハム村付近の丁字路にある道標

英国の地名——スコットランド、ウェイルズ編

前節ではイングランドの地名を中心に紹介したので、ここではスコットランドとウェイルズ編をお送りしよう。スコットランド語（ゲイル語の一種）は現在では特にハイランド地方の一部と島嶼部にわずかに生き残っている程度であるが、地名の中にはいくらでもその痕跡を辿ることができる。ウェイルズではすべての標識が二か国語（英語とウェイルズ語）であり、イングランドとの国境には Welcome to Wales / Croeso i Gymru と併記された看板が必ずある。Croeso i Gymru は「クロイソ・ギ・カムリ」と発音する。したがって、「黒磯へようこそ」をウェイルズ語で言うと「クロイソ・ギ・クロイソ」になる。母語としてのウェイルズ語話者も北部を中心に存在し、中には英語をまったく解さない者もいて、私たち日本人には信じがたいことだが「英語を話せない英国人」というのもごく少数だが確かに存在するのだ。アングロ＝サクソン人の国であるイングランドに対してスコットランドとウェイルズ、そして隣の島アイルラ

ンドはケルト人の国であり、それぞれにイングランドとはまったく異なった文化を持つ。

小学校時代の音楽の時間に「ロッホ・ロウモンド」というスコットランド民謡を習った記憶がある人も多かろう。この歌はイングランドで投獄されたスコットランド人兵士が、処刑される前夜に故郷の湖を思って書いたものと言われている。湖の名前は「ロウモンド」で、「ロッホ」は「湖」を意味するスコットランド語である。したがって有名なネス湖は現地では「ロッホ・ネス」と呼ばれる。「ロッホ」は loch と綴り、「ホ」は英語にはない子音であるため（発音記号では x で表される）、イングランド人は通常「ロック」と発音する。スコットランドは湖が多い国なので、この単語はロッホインヴァー、ロッホナガー、ピトロッホリーなど多くの地名の構成要素となる。

ロッホインヴァーの「インヴァー」は「河口」を意味するスコットランド語である。イングランドで言うポーツマス、プリマスの「マス」である。但しインヴァーの場合は語頭に来ることが多く、ネス川の河口の街はインヴァーネス、エスク川の河口にはインヴァーレスクがある。アバディーンの「アバ」もまた河口を意味し、この街は実際ディー川が北海に注ぐ河口に位置しているが、本来アバディーンという地名の語源となったのはこの川ではなく近くを流れるドン川である。その証拠に旧市街のオゥルド・アバディーンはドン川の河口に近いところにある。グレンフィナン、グレンリー、グレンコウなどの「グレン」は「渓谷」を意味し、このglenはlochとともにスコットランド方言として英語の中に生き残っている。「グレン」よりも広い「渓谷」を意味する「ストラス」(strath)も方言として生き残っているばかりでなく、ストラスヘイヴン、ストラスクライドなど多くの地名を形成している。

ベン・モア、ベン・ネヴィスなどの「ベン」は「山」、「頂上」を意味する。ベン・ネヴィスはスコットランドで一番高い山であり、ブリテン島全体でもこれが最大の標高を誇ることになっているが、それでもわずか一三四〇メートルだ。一方「ダン」は「要塞」を表し、ダンディーは「デイグ(人名)の砦」、ダンバーは「丘の上の砦」、ダンケルドは「カレドニア人の要塞」を意味する。カレドニアは言うまでもなくスコットランドのラテン語名だ。「教会」を表す英語churchはスコットランド方言ではkirkであり、カークウォール、カークカドブライト、セルカークなどはすべて、教会にちなんで付けられた地名である。カービー、カークリーズなど、「カー(ク)」が付く地名はイングランド北部にもよくある。

「ウェイルズ」は「外国人」を意味する古英語を語源とし、勿論アングロ＝サクソン人が付けた名前である。ウェイルズにも英語とは明らかに違った音や綴りを含む独特の地名が多く、スコットランドのそれよりも難解である。カナーヴォン、カーフィリー、カイアゴアリーなどの「カー」「カイア」（caer）はスコットランドの「ダン」と同様「要塞」を意味する。カナーヴォンは「アーフォン（アングルジー島）に面した砦」の意であり、英国皇太子「プリンス・オヴ・ウェイルズ」の戴冠式はここで行われる。ウェイルズの首都カーディフは英語では Cardiff だがウェイルズ語では Caerdydd と綴り、意味は「タフ川に面した要塞」である。

ブレインセッハイ、ブレイン・ア・クーム、ブレイン・サンヴィなどの「ブレイン」（blaen）は水源もしくは高地を表し、ブレイナヴォンは「川の源流」である。ウェイルズ語で「川」は avon であり、イングランドに複数あるエイヴォンという川もウェイルズ語（の基となった古代ブリトン語）に由来する。一方、ブリンマウア、ブリンパデュー、ブリンハヴリッドなどの「ブリン」（bryn）は「丘」を意味する。「クーム」（cwm）はクーム・アヴォン、クームグラッホ、クームディなどの例に見られ、クームというそのものの名前の村もあるが、これはスコットランドの「グレン」と同様「渓谷」を意味する。「クーム」の場合は特に「狭い渓谷」であり、イングランド南西部にもババクーム、イルファクーム、カースル・クームなどこれが付く地名は多いが、英語では

combe と綴る。

スコットランドのアバディーンと同様、「河口」を意味する「アバ」が付く地名はウェイルズにも多い。「イストゥイス川の河口」にある海辺の保養地アバリストゥイス（Aberystwyth）、「ダヴィ川の河口」のアバーダヴィ（Aberdovey）、イングランドのポーツマスと同様「河口の港」の名を持つ漁村アバーポース（Aberporth）などがそれである。

英語で「ピン」とか「ペン」で始まる単語は「先が尖ったもの」を表すことが多いが、地名で「ペン」がつくのはたいてい半島の先端にある町や村である。港町ペンブルクは文字通り「土地の先端」にあり、ペンマインマウアは「巨大な岩の先端」から来ている。イングランドの南西端コーンウォール州（この「ウォール」は元来「ウェイルズ」と同じ語である。「コーン」は「先端」であり、つまり「コーンウォール」は「（半島の）先端の外国人の土地」の意）の半島にある町は「聖なる岬」ペンザンスだ。「ザンス」は英語の「セイント」に相当する。コーンウォール州は現在ではイングランドの一部だが、元々はウェイルズと同様ケルト人の国である。ここには半島がいくつもあるので、ペンディーン、ペンゲリー、ペンロゥズ、ペンテュワンなど「ペン」で始まる地名が非常に多い。

さて、最もウェイルズ語らしい地名といえば、やはり「教会」を表す「サン」がつく地名であろう。これは llan と綴り、ll は英語の子音lを無声音（摩擦音？）にしたような音である。英語音声学の専門家で釣りが趣味である故にウェイルズを頻繁に訪れている友人は、むしろ「シャン」と表記した方が近いかも知れないと言う。この ll の子音も勿論英語には存在しないので、非ウェイルズ語話者は「スラン」［slan］という発音で代用する。これがつく地名にはサンベリス、サンゴセン、サンディドノウ（スランベリス、スランゴスレン、スランディドノウ）などがある。サンベリスは六世紀にローマから来た伝道師セント・ペリスにちなむと言われ、サンゴセンは七世紀にローマ軍の軍人として渡ってきたセント・コルン、サンディドノウはおそらく六世紀頃この地で活躍したセント・タドノウに由来する。しかし何と言っても、ウェイルズの「サン」で始まる地名の中で最も圧巻なものと言えば、メナイ橋を渡ってアングルジー島に入って西に折れて十マイルほどのところにあるサンヴァイアプスグウィンギスゴウゲラッホワーンドロウブスサンダシリオウゴウゴウゴウッホ（Llanfairpwllgwyngyllgogerychwyrn-drobwllllandysiliogogogoch）という五十八文字の長い名前を持つ村であろう。ここには鉄道の駅があり、寒村の駅の例に漏れず無人駅であるが、駅近くの土産物店で長い長い入場券（platform ticket）を売っている。この名前は二つの村が合併したときにいずれの名前を取るかでどちらも譲らず、結局両方の村名を強引に繋げてしまったという経緯がある。合併する前から十分に長かったという気がしないでもないが、前半の「サンヴァイアプスグウィンギスゴウゲラッホワーンドロウブス」の部分が「渦巻く急流の近くの白いハシバミの池の近くの聖マリア教会」、後半「サンダシリオウゴウゴウゴウッホ」が「洞窟の近くの聖ティシリオ教会」を意味する。いずれも教会に因んだ地名だ。しかしこれだけ長い名前だと当然日常生活に支障を来たすので、通常は Llanfair P. G. と表記し、「サンヴァイア・ピー・ジー」（非ウェイルズ語話者は「スランフェア・ピー・ジー）と発音することになっている。

ついでに米国で一番長い地名についても触れておこう。それはマサチューセッツ州ウェブスター近くのチャーゴウガゴグマンチョーガゴグチョーブナグンガモーグ（Chargoggagoggmanchauggagoggchaubunagungamaugg）という四十四文字からなる湖の名前である。原義は先住民族の言語で「君は向こう側で魚を釣れ。僕はこちら側で魚を釣る。真ん中の魚は誰のものでもない」ということらしい。

上／ウェイルズとイングランドの国境
下／サンヴァイアプスグウィンギスゴウゲラッホワーンドロウブスサンダシリオウゴウゴウゴウッホ 駅

コラム

植えてはいけない帰化植物

チェルシー・フラワー・ショウはロンドンの高級住宅街チェルシーにある病院の敷地内で毎年五月下旬に、王立園芸協会（Royal Horticultural Society：RHS）の主催で行われる園芸に関する祭典である。すでに百年を超える歴史があり、例年十五万人以上の園芸愛好家が世界中から集う。

RHSの二百周年に当たる二〇〇四年のフラワー・ショウでは、その会場となる巨大パヴィリオンの正面に、異例の「警告文」が掲示された。それは特に英国内の庭師や愛好家に向けた「植えてはいけない」植物を列挙したものである。ここに挙げられているのは外国産の繁殖力の強い植物であり、その強すぎる繁殖力の故に英国原産の植物を圧迫し、英国の生態系を破壊しかねないと危惧されている。例えば北アフリカからユーラシア大陸にかけて分布するオドリコソウ（dead nettle）や北アフリカの地中海沿岸のニオイカントウ（winter heliotrope）、南アフリカのヒメヒオウギズイセン（montbretia）などである。ダーウィンは『種の起源』（一八五九）の中で、島国原産の動植物よりも大陸原産の動植物の方が「強い」ことを指摘しているが、ここでリストアップされている植物の多くも大陸原産のものである。一つだけ、十九世紀中頃に日本から持ち込まれたニワヤナギ（knotweed）

が含まれているが、これはすでにイングランド南西部（特にコーンウォール州）に繁殖していて、イングランドの他の地域やウェイルズにも広がりつつあるという。この問題についてはすでに、コーンウォール・ノットウィード・フォーラムという会が結集され、議論されている。

これらの帰化植物が繁殖した背景には「インスタント・ガーデン」の普及がある。このリストに挙がっている植物の多くは、手軽に短期間で庭を完成できるとして、園芸店などで盛んに販売されたものである。生育が早く繁殖力が強い故に、いずれ増えすぎて抑制が利かなくなり、それが個人宅の庭だけでなく自然界にも侵出するのである。庭造りは急いではいけないのであり、一年や二年くらいは草花が生えない状態を気長に我慢しなければならないと、今回の警告に関係した生態学者トレヴァー・リーナルズは言う。カレル・チャペックもまた名著『園芸家の一年』で、庭を造る者は十年後、五十年後を見据えて気長な作業を続けなければならないと言っている。

植物だけでなく動物の世界でも、例えば英国原産の赤リス（キタリス）が米国原産の灰色リスに駆逐されつつあるという憂慮すべき事態が生じている。ロンドンの中心部に近い公園でもリスの姿をよく見かけるが、あれはすべて灰色リスである。一方、日本でも一九七〇年代以降、アメリカ原産のブタクサとセイタカアワダチソウが元来の生態系を破壊しようとしている。前者は花粉症を引き起こし、後者は日本の伝統的な秋の風景を著しく損なう。

ピーター・ラビットが残した風景
——ビアトリクス・ポターと湖水地方

ワーズワース、コウルリッジそれにサウジーといったいわゆる「湖畔詩人」（the Lake Poets）やアーサー・ランサムの冒険小説『ツバメ号とアマゾン号』、またひと頃は日本でも子供向けテレビ番組で人気を博していたジョン・カンリフの『ポストマン・パット』などでお馴染のイングランドの湖水地方は、ロンドンの北北西約四百キロ、山と湖と森に囲まれた風光明媚な地方である。ロンドンから車なら自動車専用道路M1、M6、幹線道路A590、A591というルートで湖水地方の中心地ウィンダミアに到達でき、鉄道の場合も西海岸本線（West Coast Main Line）の始発駅ユーストンからオクスンホウムまで最も速い列車で約二時間半、そこから支線に乗り継いでウィンダミアに到達することになる。鉄道はここまでで、東西約二十キロ・南北約三十キロに及ぶ湖水地方を公共交通機関だけで隈無く回るのは不可能であろう。

この湖水地方を周遊するのであれば、ワーズワースの邸宅ダヴ・コティッジやライドル・マウントの他に、必ず訪れなければならない有名な農場がニア・ソーリーという小さな村にある。『ピーター・ラビット』や『りすのナトキン』などで知られる絵本作家ビアトリクス・ポター（一八六六〜一九四三）のヒル・トップ農場がそれだ。ポターはここで農場経営者としての手腕を発揮し、当時一般には飼育が困難と言われていた羊ハードウィック種を品種改良し、一方でさまざまな小動物を主人公とした物語を創造し、同時にその絵を描き続けたのである。そしてさらに、この一帯の風景はポターが生きた時代から少しも変わっていないのだが、この景観の保存もまた彼女が生涯を懸けた仕事の一つであった。

ニア・ソーリーはウィンダミア湖を挟んでウィンダミアの町の対岸から少し奥に入った位置にある。ウィンダミア側から見ると対岸の手前側にファー・ソーリー、それより少し「遠い」ところにニア・ソーリーがある。これらは付近の一番大きな村であるホークスヘッド（ポターのギャラリーやワーズワースが学んだグラマー・スクールがある）から見て「近い」ソーリーと「遠い」ソーリーということだ。ソーリーとは古スカンディナヴィア語で「酸性の土壌」を意味する。この地名からもわかるようにこの一帯は農作物の栽培には適さない土地であり、昔も今も牧羊が盛んに行われている。

緩やかな丘の起伏とそれを覆う緑の牧草地と麦畑、生垣で縁取りされた細く曲がりくねった田舎道の向こうに見える村落、その外れに小さな教会の塔、といった風景が日本人を含めた多くの外国人の考えるイングランドの典型的な田園地帯の風景であろうが、これは単にイングランド南部の典型的な風景に過ぎない。湖水地方ではイングランドと言うよりもむしろスコットランドを想わせる山々の稜線、その麓に点在する湖と森、生垣ではなく石垣で縁取られたやはり細く小刻みに曲がりくねった田舎道に、イングランド南部とはいささか趣の異なった緑がかった灰色の石造りの村落、といった風景が見渡す限り広がっている。それこそがポターの愛した風景であり、『ポストマン・パット』において見事なまでに再現されている風景なのである。

ポターがどのようなきっかけで動植物に興味を持ち、誰のために童話を書き、そしていかにして湖水地方の景観を守り抜いたかを知るためには、まず彼女の孤独な少女時代を概観しなければならない。ポター自身が「わが愛されざる生家」(my unloved birthplace)と表現しているサウス・ケンジントンのボウルトン・ガーデンズにあった生家は戦災で焼失したため現存しない(現在は学校の敷地の一部になっている)。法廷弁護士の父と、ヴィクトリア時代のこの階級の婦人の一つの典型とも言える母はともにイングランド北部の出身であり、いずれも何代か前までは製綿業に従事していた家柄である。この時代この階級の「令嬢」の例に漏れずポターも学校に送られることもなく、女家庭教師《ガヴァネス》の教えを受け、常に家庭内で両親の管理下に置かれていた。ポター家は特に娘の管理が厳しく、彼女には同年代の友達がただ一人としていなかった。一方で毎年夏に家族で滞在するスコットランドはパースシャー州のダルガイズ邸で自然に触れる喜びを発見し、そのために内向的な性格にいっそう磨きがかかることになる。

初代ガヴァネスの結婚退職に伴って就任した二代目ガヴァネスのアニー・カーターとの出逢いは、さまざまな意味でポターの生涯における大きな転機となった。この若き新ガヴァネスはポターとの年齢差がわずか三歳ということもあって、彼女にとっては初めての「同世代の友人」と言える存在となった。アニーは結婚退職後もポターとの交友を続け、その八人の子供たちが童話作家ポター誕生のきっかけとなる。

この頃ポターはすでに身の回りの動植物の素描にその画才を発揮し始めていて、また父の友人でありしばしばポター家を訪れていた牧師ウィリアム・ギャスケル（小説家エリザベス・ギャスケルの夫）や画家ジョン・エヴェレット・ミレイ（プレ・ラファエル派の一人で、《オフィーリア》などの作品で有名）の影響が彼女の才能をより引き出すこととなる。特にミレイのアトリエを彼女は頻繁に訪問していた。

ポターの動植物の素描の最大の特徴はその正確さにある。彼女は例えばネズミの体内の構造を知るためにしばしば解剖を試みたり、その骨格を正確に把握するために死骸を鍋で煮たりもしていたほどだ。このことは彼女の自然への関心が感傷的要素とは無縁な、純粋な科学的好奇心と緻密な観察に基づいたものであったことを示していると言えよう。こうした彼女の学術的でさえある関心はやがて菌類に向かい、二十代後半の頃には地衣類の生態に関する研究論文まで書き上げる。この論文は彼女の叔父によって王立植物園（キュー・ガーデンズ）の研究所に持ち込まれるが、「学者としての肩書きのない小娘」が書いたというだけで一笑に付され、その優れた内容はついに日の目を見ることがなかった。

こうしてポターは成人後も両親の意向通り職に就かず、恩師のアニーとその子供たち以外に心を開く相手もなく、夏には相変わらず両親と別荘で過ごしていた。ただし十七歳の夏からはダルガイズではなく湖水地方のレイ・カースルで夏を過ごしていた。この土地の自然が彼女を大いに魅了することになり、また地元の牧師キャノン・ローンズリーや村の人々、また農場で飼われていたコリー犬などとの出逢いが、彼女にこの場所を「今までに住んだ中で完璧に最も近い小さな世界」と思わせる一因となったことは想像に難くない。これがポターと湖水地方との最初の邂逅だった。

画家ポターの才能は順調に開花し、二十三歳の時には叔父ウォルターの紹介で動物たちの絵をクリスマス・カードとして売り出す。この売り上げの六ポンドが彼女の初めての収入だった。その後アニーの子供たちの一人ノエルが病床に伏していたとき、彼女は見舞いの手紙に湖水地方を舞台にした四羽のウサギの物語を書き、絵を添えて送った。これが『ピーター・ラビットのおはなし』の原型であり、この手紙が何年か後にローンズリー牧師によって出版社に持ち込まれることになる。他の子供たちにもポターはリスのナトキンやジェレミー・フィッシャーなどの物語を同じく湖水地方の風土を背景に書き送った。

ローンズリーの持ち込んだ手書き原稿は当初すべての出版社に断られ、自費出版を余儀なくされた。しかし後にフレデリック・ウォーン社に認められ、彩色されて現在の形で出版されることになる。この時、価格をできる限り安くすることと、子供の掌の大きさに合わせた判型にすることを決めたのはポター自身だった。これは一九〇二年に出版され、翌年末までに五万部を売ることになる。当然、次作への期待も高まる。

出版社を経営するウォーン一家とポターは次第に親しくなるが、彼女の両親はこれを快く思わない。第一にウォーン家が商人階級であること、第二にウォーン兄弟中唯一の独身者だった三男ノーマンとの仲を両親が疑っていたことがその主な理由だった。この孤独な少女は三十歳を過ぎても両親の管理から自由になることが出来なかったのだ。ポター夫妻も双方とも何代か前まではウォーン一家と同じ階級に属していたのであり、成り上がりの「上層」中産階級としての劣等感がこのような歪んだ階級意識となって現れたのであろうか。そして両親の「危惧」の通り、やがてノーマンとポターは恋仲になる。この年にしてこれが彼女の「初恋」であった。一九〇五年初夏、夫妻の反対を押し切ってこの二人は婚約する。

ポターの生涯における最大の不幸はこの後すぐに訪れる。婚約直後に悪性貧血で倒れたノーマンはわずか数週間後の八月下旬に帰らぬ人となり、両親との確執だけを残してポターは再び孤独の中に一人取り残されたのだった。自らの意志で生きることを教えられなかった彼女が初めて自分の意志で行った選択が最大の不幸に終わったことで、ポターはこれまで経験したことがないほどの大きな悲しみを経験し、気づけばもうそれまでのような「箱入り娘」ではなくなっていた。

『ピーター・ラビット』を始めとする絵本の売れ行きは好調で、同じ頃、時期を合わせたかのように転がり込んだ叔母の遺産と絵本の印税を合わせて、ポターはノーマンを失った悲しみを乗り越えるべく自然とのふれあいを求め、湖水地方に農場を購入する。ボウルトン・ガーデンズの自宅には両親の監視があり、夏を過ごす別荘は一時的な住居でしかなかったポターにとって、このヒル・トップ農場及びニア・ソーリー村、近隣のエススウェイト・ウォーター湖などが、初めて本当の意味で自分の居場所と呼ぶことができる所となったのだ。

自分の居場所を発見したポターは生まれ変わり、以前の彼女からは想像もつかないほど有能な農場経営者となった。次々と出版されては売れ続ける絵本の印税で彼女は二つ目の農場カースル・コティッジを購入し、この時法律上の手続きを代行した弁護士ウィリアム・ヒーリスと意気投合し婚約に至る。ロンドンにいる両親は再び反対したものの、二人は一九一三年に結婚し、カースル・コティッジを本宅としてヒル・トップは以前からの管理人に完全に任せることにした。ポターは昔から女の幸福は結婚にあると考えていて、湖水地方に自分の居場所を発見した今、自分に必要なものは精神的居場所としての夫であり、家庭であると感じていたのであろう。

この結婚は童話作家としてのポターにとっても転機となった。彼女は結婚後ミセス・ウィリアム・ヒーリスを名乗り、家事と農場経営により傾倒し、作家ポターは開店休業状態となった。それはまるで、以前の彼女にとっては物語の中の湖水地方こそが自分の居場所であったが、現実の居場所を手に入れた今、もう以前のような虚構のそれは必要がなくなった、と語っているかのようだった。さらにこの頃、ポターには新たな「使命」が待ち受けていたのである。

十九世紀末頃に裕福な階層を中心に自動車が普及し、それに伴って湖水地方の観光地化と環境破壊が危惧されるようになった。ポターはローンズリー牧師が創立者の一人として関与していた「ナショナル・トラスト」の存在を知り、好調な売り上げを続ける絵本の印税で次々とこの地方の土地を購入し、この自然保護団体に匿名で寄付したのだった。ナショナル・トラストの活動は、英国の文化遺産（歴史的建造物や自然環境、風景美）を開発から守るため、有志の寄付で得た土地や建物を管理し、その本来の姿のまま永久保存することを目的とする。この団体は現在、英国の国定公園の約四分の一、英国全土の約十分の一に相当する土地を所有しているという。こうしてリスのナトキン、仔猫のトム、ひげのサミュエル、アヒルのジマイマ、それにフロプシー、モプシー、コットンテイル、ピーターらが活躍した土地の風景は、彼ら自身の稼ぎによって今日までそのままの姿を残すことが可能になったのである。ポターが一九四三年十二月に没した時、その遺書には四千エイカー（約十六万平米）の土地をナショナル・トラストに、現状のまま永久保存する条件付きで寄贈する旨が記されていた。

湖水地方では現在でも垣根を修復する際には昔ながらの石垣にすることが法律で義務づけられている。内側はコンクリートで補強しても良いが、外観は必ずこの地方独特の石垣（アイルランドの石垣とは石の形態や積み方が異なる）でなければならないのだ。そういえばコッツウォルズ地方でも、家屋は必ずこの丘陵地帯独特の赤褐色を帯びた灰色の石灰石を使うことが法律で定められている（しかも多くの場所でこれから新築することはもはや出来ない）。個人主義の徹底した英国で建築物の素材にまで法律が干渉するのは奇異なことに聞こえるかもしれないが、またこうまでして外観だけを保存することにどれほどの意味があるのかという疑問がないわけでもないが、しかしこのことは我々に、個々の遺跡や歴史的建築物だけでなく風景全体がひとつの文化遺産であるという事実を教えてくれてもいるのである。

追記：ポターの生涯、特に『ピーター・ラビット』執筆から結婚に至るまでの経緯は、映画『ミス・ポター』（二〇〇六――クリス・ヌーナン監督、レネイ・ゼルウィガー主演）に克明に描かれている。

エクセター文学紀行

エクセターはイングランド南西部のデヴォン州の州都であり、およそ二千年前にローマ人が建設した英国最古の都市のひとつである。エクセターという地名の語源は「エクス川の畔の（ローマ軍の）要塞都市」ということであり、名前の通り街はエクス川を見降ろす丘の上にある。有名な大聖堂はノルマン時代にノルマン様式で設計され、十三世紀末に装飾ゴシック様式で完成したものであり、その周辺には今でも当時の街並が残っている。

エクセターにゆかりの文人として最初に思いつくのはジョージ・ギッシング（一八五七～一九〇三）である。彼は小説家としては同時代のH・G・ウェルズやアーノルド・ベネットほどには評価されていないが、それでも最晩年の作である『ヘンリー・ライクロフトの私記』は日本でも岩波文庫版で広く読まれている。これは無名小説家ヘンリー・ライクロフト（もちろん架空の人物）が残した私記を「春」、「夏」、「秋」、「冬」の四章に構成したという形を取っている。邦題は英語の原題 *The Private Papers of Henry Ryecroft* の直訳であるが、結果的に「私記」と「四季」を掛けていることになる。ロンドンの喧噪に疲れ人生のあらゆる競争に嫌気がさしたライクロフトは、エクセターの外れの田園に隠棲して静かな晩年を過ごす。彼の私記は周囲の自然の森羅万象への愛着と都会や人間社会への嫌悪に満ちあふれている。

ギッシングは一八九一年から九三年までエクセターにいて、最初はプロスペクト・パーク二十四番地、次にセント・レナーズ・テラス一番地に住んでいた。ライクロフトが人間社会に対して示す嫌悪には、ギッシング自身のそれが多分に反映されている。この作家はティーンエイジャーの頃に出逢った売春婦マリアンを救うべく盗みを働いて投獄され、釈放後にはアメリカとドイツを放浪したのちに二十二歳でマリアンと結婚、彼女が酒で体をこわして死去してからは街で偶然に知り合ったある有名な邸で働くイーディスと勢いだけで入籍し、不幸な結婚生活を送る。夫婦の不仲に加えて二児を抱えての貧窮生活であった。晩年の一八九九年（とはいえまだ四十二歳）に小説のフランス語訳の相談に訪ねて来たフランス人女性と恋に落ち、そのまま渡仏して同棲生活を始める。この同棲は幸福なものであったらしいが、それでも本国の妻子をも養わなければならない彼の貧窮に変わりはなかった。結局は大陸に渡ってほんの数年後に、それまでの極度のストレスのためもあってか、南フランスで短い生涯を終えることになる。作品の中でライクロフトが満喫している心地よい孤独と静寂は、ギッシングにとっては生涯叶わなかった理想なのである。

ところで余談だが、ギッシングの死期を早めたのはウェルズだったらしい。D・J・テイラーのギッシング伝によれば、一九〇三年のボクシング・デイ（十二月二十六日）にギッシングを見舞いに行ったウェルズは、気管支炎が悪化して危険な状態にあった彼に珈琲、ビーフティー（牛肉を水で煮出した出し汁）、シャンペン、牛乳を強引に飲ませた。翌朝ギッシングの意識はすでになく、その翌日には息を引き取ったという。

ジョン・ファウルズ（一九二六〜二〇〇五）の代表作のひとつ『フランス人副船長の女』（邦題『フランス軍中尉の女』）の舞台はエクセターから東に約四十キロの海辺の保養地ライム・リージスに設定されているが、小説の大きな転換点となる事件はエクセターで起きている。

この作品の語りは二十世紀後半を生きる小説家が一八六七年のライム・リージスを舞台に小説を書くという二重構造になっていて、内側の小説では主人公チャールズ（ダーウィンかぶれの古代生物学が趣味の准貴族）が婚約者アーネスティナ（保守的な思想を持つ実業家の一人娘）と、「フランス人副船長の女」と渾名される謎の女セアラとの間で揺れ動く。婚約を破棄してセアラを追ったチャールズは、エクセターでついに彼女と関係を結んでしまう。第三十六章の冒頭には当時のエクセターの様子が描写されているが、セアラが泊まっている宿は当時売春宿が林立する一画にあった。ここは「街の中心から川に向かって降りて行くところ」にあり、「テューダー様式の家が建ち並ぶ」あたりだというが、エクセターにこのような地区が実在したのか、或いは単に小説中の架空の設定なのかはまだ確認していない。彼女が宿泊しているエンディコッツ・ファミリー・ホテルが実在したか否かも未確認である。

多くの人にとってエクセターにゆかりの作家といえば、ギッシングやファウルズよりも『ハリー・ポッター』シリーズの作者J・K・ロウリング（一九六五〜）であろう。ロウリングはエイヴォン州のチッピング・ソドベリー出身ということになっているが、実際にはその隣のイエイトで生まれ育った。チッピング・ソドベリーは古い趣のある市場町で、一方のイエイトは味気ない新興住宅地であるから、自分の出身地を前者ということにしておきたい気持ちはわからないでもない。

ロウリングは幼い頃から読書を好んだが、大学進学に際して文学よりは幾分実用性のある言語学を両親が勧めたため、不本意ながらフランス語を専攻することになり、第一志望のオクスフォード大学に合格できなかったので第二志望のエクセター大学に仕方なく入学した。エクセター大学はエクセター・セント・デイヴィッズ駅（ロンドンを始め全国からの長距離列車が発着する、街外れにある大きな駅）から北に少し歩いた丘に広大な敷地を有する大学である。ロウリングは学生生活の最初の一年間を学生寮ジェシー・モンゴメリー・ホールで過ごした。その後はこのキャンパス内のラフロウダ地区にある学生用フラットで自炊生活となった。シティ・センターにある「ブラックホース」は彼女が最も気に入っていたパブで、また運河の近くの「ダブル・ロックス」にもよく行っていたという。

ロウリングは結局、大学時代を通して言語学にもフランス語にも興味を持つことが出来ず、本当なら専攻したかった英文学関係の本ばかりを図書館から借り出し、しかも期日までに返却しないことが多く延滞の罰金が五十ポンド（当時の換算率では数万円に相当する）を超えたという伝説さえある。エクセター大学のトマス・ホールは『ハリー・ポッター』の舞台となるホグウォーツ魔法学院の部分的なモデルになったと言われている。またエクセター周辺はギッシングのライクロフトも絶賛したような美しい田園が広がっているが、そこに点在する小さな村が物語中の架空の村オタリー・セント・キャッチポウル、バドリー・ババートン、あるいはことによればゴドリクス・ホロウなどのイメージに影響を与えていると考えられる。

エクセターからトー川沿いをバーンスタプルまで行くローカル線は「ターカ・ライン」という愛称で呼ばれるが、これはヘンリー・ウィリアムソン（一八九五〜一九七七）の児童文学作品『カワウソのターカ』（一九二七）に由来する。この作品は主人公のターカが生まれてから猟犬と戦って死ぬまでを、同じひとつの河口に注ぐトー川とトリッジ川及びその支流、そしてその周辺の田園を舞台に物語る。

若き日のウィリアムソンは第一次世界大戦と家族との反目が原因で人間不信に陥り、デヴォン州の片田舎で一人隠者のような生活を送りつつ、細々と文筆業を営んでいた。一九二〇年頃のある日、彼がいつものように散歩を楽しんでいると、母親を近所の農夫に猟銃で撃たれて途方に暮れている子供のカワウソと出逢った。動物好きのウィリアムソンは仔カワウソを連れて帰るが餌付けがうまく行かない。ところが丁度その頃、彼の家に仔猫を育てていた母猫がいたので、この母猫が乳を与え、カワウソの子は無事に成長した。やがてカワウソは名前を呼べば寄ってくるほどにウィリアムソンに懐き、毎日一緒に散歩するようになったという。ある日カワウソとの散歩中に、ウサギ捕りの罠にかかったカワウソを発見し、救出して連れ帰ろうとするが途中で逃げてしまう。負傷したこのカワウソを探してトー川とトリッジ川が合流する河口まで行くが見つからなかった。

これらの経験に基づいて書かれた『カワウソのターカ』はその描写の美しさと正確さを絶賛され、「アラビアのロレンス」の名で知られるT・E・ロレンスをはじめ、ベネットやトマス・ハーディ、それにデヴォンにゆかりのあるノーベル賞作家ジョン・ゴールズワージー（一八六七～一九三三）らに絶賛されている。

ゴールズワージーは大河小説『フォーサイト家年代記』で知られるが、日本で最も親しまれている彼の作品と言えば『林檎の樹』であろう。いわゆる中編小説というくらいの長さの小説で、ダートムーアというエクセターの西に広がる原野の大丘陵地帯と、エクセターの南にある洗練された海岸リゾート地トーキーを主な舞台とする。主人公の若い弁護士フランク・アーシャストはダートムーアを旅行中に農場の娘ミーガンに出逢い恋に落ちる。ミーガンには既に婚約者がいたが、フランクへの想いを抑えられない。

駆け落ちのための準備として銀行に行くべくトーキーを訪れたフランクは、この地で休暇を過ごしていたパブリック・スクール時代の友人フィル・ハリデイと偶然再会し、その妹ステラに気に入られてしまう。純朴な田舎娘ミーガンと良家の令嬢ステラとの間で葛藤するフランク。小説はこの切ない春の日から二十五年後に想い出のダートムーアを訪れたフランクが当時を回想するという語りになっている。ダートムーアの自然とトーキーの洗練という対照が、そのままミーガンとステラの対照に呼応している。

この作品は何故か本国よりも日本で人気があり、少なくとも三通りの翻訳が新潮、岩波、集英社の各文庫にある。ゴールズワージーの文体は感傷的過ぎるほどに美しい英語だが、この美文を見事なまでに日本語で再現しているのは新潮文庫版である。またこの小説は『サマー・ストーリー』のタイトルで映画化されている。これも大変に美しい映画であるが、読んでから観ることを強くお勧めする。

アルカディアは「理想郷」か

「アルカディア」（英語では「アーケイディア」）は地名であり、また「理想郷」という意味の普通名詞でもある。手許にある『プログレッシブ英和中辞典』第四版（小学館、二〇〇三）でArcadiaは「1 アルカディア：古代ギリシャの高原：桃源郷との伝説で有名　2 牧歌的理想郷」と定義されている。参考までに、『スタンダード仏和辞典』（大修館書店、一九八二）には「1【古代地理】アルカディア　2 桃源郷」とある。いずれの定義でも古代ギリシアの地名と決め付けているが、現在のギリシアにもアルカディアと呼ばれる地方があり、その周辺を含めたアルカディア県もある。アルカディア地方はペロポネソス半島中部の高原地帯だ。

ギリシアといえばアクロポリス（文字通り「高所の都市」）か、エーゲ海に浮かぶ島（例えばサントリーニ島のイアの白い家並）といった風景を思い浮かべる人が多いのではないか。だがアルカディア地方はそのいずれのイメージからも遠く、平均海抜六五〇メートルを超える高原で、冬はそれなりに寒く雪も積もる。数年前、コリントスやミュケナイでアーモンドの花が満開に近かった三月のある日、アルカディアまで行ったらまだ三分咲きにもなっていなかった。

このようないわゆる憧れのギリシアのイメージとは程遠い荒涼としたアルカディアがなぜ「理想郷」の代名詞になったのか。最初の理由は紀元前一世紀のローマの詩人ウェルギリウスの『牧歌』にある。この詩はローマの内乱の時代に書かれ、そこでは「理想郷」（locus amoenus：ラテン語で「快適な場所」の意）としてのアルカディアが戦乱のローマに対するアンチテーゼとして示される。この高原には冷たく澄んだ泉と牧場と森があり、詩の巧みに精通した教養ある牧人が住んでいる。もちろんウェルギリウスは現実のアルカディアには行ったことがない。ここに描かれているのはローマ人の目を通して理想化されたアルカディアなのである。ペロポネソス半島はイタリアのような細長い半島ではなく、この巨大な半島の中央に位置するアルカディア高原は印象としては内陸の奥地であり、ローマから見て「辺境」なだけでなくアテネからもそれなりに距離がある。距離感も理想郷の設定には重要であるに違いない。

もう一つの理由はルネサンス時代のイングランドで廷臣・軍人として活躍したサー・フィリップ・シドニー（一五五四〜八六）が書いて死後出版された、散文に詩を織り交ぜたロマンス『アーケイディア』である。無論シドニーもアルカディア高原には行っていない。この物語の舞台となる高原の森は、ウェルギリウスが理想化したアルカディアのイメージにシドニーが上塗りしたものに他ならない（その数十年前にナポリの詩人サンナッザーロも散文と詩を併せた『アルカディア』を書いていて、シドニーはその影響下にもあるのだが）。シドニーは廷臣としてエリザベス一世の寵愛を受けたものの、結婚問題などを巡って女王の機嫌を損ねてしまい、宮廷から追放されて妹メアリーの嫁ぎ先であるペンブルック伯爵の邸宅「ウィルトン・ハウス」にしばらく身を寄せていた。『アーケイディア』の大部分はこの時に書かれている。シドニーは七歳下のこの妹を溺愛していて、この作品は純粋に妹すなわちペンブルック伯爵夫人を楽しませるためだけに書いたものであり、当初は世に発表するつもりもなかったらしい。その後この詩人は未発表の『アーケイディア』を大幅に改訂したが、戦地で急逝したため改訂は途中で終わっている。未完の改訂版は十六世紀末に出版され、長らく『アーケイディア』と言えばこれを指した。改訂前の原稿はその後忘れられていたが二十世紀初頭に発見され出版された。現在ではこのオリジナル版を『旧アーケイディア』、改訂版を『新アーケイディア』と区別する。

『アーケイディア』では国王バジリアスが神託の預言を真に受けて、王妃ジャイネシアと二人の娘パミーラとフィロクリアを連れてアーケイディアの森に隠棲してしまう。一方で従兄弟同士のマケドニア王子ピロクリーズとテッサリア王子ミュシドウラスは海難事故に遭って互いに死んだものと思い、それぞれ別な経緯でアーケイディアにたどり着き、ピロクリーズはアマゾーンの女戦士に、ミュシドウラスは羊飼いに変装する。前者はフィロクリアと、後者はパミーラと恋に落ちるが、バジリアス王は女装したピロクリーズに一目惚れして、ジャイネシア王妃はその女装を見抜いてやはり彼に一目惚れしてしまう。そこにさらに様々な人物が絡んで来て、複雑極まりない喜劇と悲劇が展開する。この物語の舞台となるアーケイディアは森に囲まれた高原の牧草地で、季節の花が咲き乱れ、民家が散在し、教養のある温和な人々が住む「理想郷」として描かれている。この森と牧草地は人の手が触れていない大自然ではなく、人間が快適に生活できる「半自然」なのである。

ここでもアーケイディアは都市や宮廷と対照をなす。シドニーの時代はまさにイングリッシュ・ルネサンス全盛期で、「楽しきイングランド（Merrie England）」と称される平和で華やかな時代だったと考えられているが、スペインとの反目（無敵艦隊の来襲はシドニーの死後）、飢饉や疫病、それにエリザベス女王暗殺計画に代表されるカトリックの反乱など、その実態は乱世と言っていい状況であり、シドニーの身辺もそういうわけで穏やかでなかった。『アーケイディア』は宮廷を追われたシドニーがウィルトン・ハウスというある種の「理想郷」に隠棲して、妹を楽しませるという「現実逃避」のために書いたものだが、内容のみならずこれを書いたこと自体が既に宮廷や乱世へのアンチテーゼという意味合いを含んでいると解釈できよう。

絵画の世界でアルカディアと言えば十七世紀後半にローマで活躍したフランス人画家ニコラ・プッサンの《アルカディアの牧人たち》であろう。原題はラテン語で *Et in Arcadia ego* であり、「我アルカディアにもあり」と「我もまたアルカディアにあり」の二通りの解釈がある。文法的には前者が正しいが、後者も単なる誤訳ではなくこの意味を読み取るための「故意の誤訳」らしい。三人の牧人と一人の貴婦人が墓石に刻印されたこの句を見ているという構図で、一六四〇年前後の作品とされ、パリのルーヴル美術館にある。プッサンは一六二七年頃にも同じタイトルの絵を描いていて、これはダービーシャー州のデヴォンシャー公爵邸チャッツワースにある（この作品では同じ構図で牧人三人と羊飼いの少女を描く）。表題の Et in Arcadia ego は出典不詳の古い成句で、「我アルカディアにもあり」の意味だとすれば「我」は「死」で、理想郷とされるアルカディアにも死は存在する、という意味であり、いわゆる「死を覚えよ（memento mori）」という教訓を表す。一方「我もまたアルカディアにあり」と解釈すれば「我」は「死者」であり、今はこうして死んで久しい私もかつては理想郷にいた、という意味になり、人の生の儚さを墓石の下で眠っている死者が墓碑を通して見る人に教えていることになる。いずれにせよ、どんな理想郷に生きる人間もすべて死ぬ運命にあるということに違いない。

先に引用した辞書の語釈にもある通り、虚構のアルカディアのような理想郷のことを「桃源郷」と称するが、それは陶淵明の「桃花源記」（四世紀末〜五世紀初頭頃）に由来する。漁夫が舟で川を遡上していると両岸一面に桃の花が咲き誇る林に行き着き、水源まで遡ると洞窟があり、その洞窟を抜けると人々が幸福に暮らす美しい村に出た。この「桃花源」をこの物語の語り手は「良田、美池、桑竹の属有り。阡陌交り通じ、鶏犬相聞こゆ」と描写する。つまり桃花源には「良い水田と美しい池、桑畑や竹林などがあり、畦道が縦横に行き交い、鶏と犬の声が聞こえる」ということであり、これらはすべてそこで人間が生活していることを示す。このような人の手が加わった自然すなわち「半自然」という桃花源の特質はアルカディアと共通する。陶淵明が生きたのは東晋から宋への過渡期の戦乱の時代であった。彼は詩作の傍ら役人として細々と働いたのち、四十代初頭で郷里の尋陽に帰って隠棲している（このあたりの事情は「帰去来辞」に書かれている）。物語中の桃花源も村人たちの祖先が秦の時代に戦乱の世を避けて遁世したことに始まった。「桃花源記」もまた役人の世界と乱世へのアンチテーゼに他ならない。

トム・ストッパードの戯曲『アーケイディア』（本も芝居も邦題は『アルカディア』だが英語の作品なのでここでは『アーケイディア』と表記する）はダービーシャー州のカントリー・ハウスの一室を舞台に、十九世紀初頭（摂政時代）と現在の場面が交互に展開する二幕構成の劇である。この屋敷には元々ルネサンス時代風のイタリア式整形庭園があったが、十八世紀中頃に英国を代表する造園家ケイパビリティ・ブラウンが英国式自然風景庭園に「改良」し、摂政時代にそれを（架空の）造園家リチャード・ノウクスがサルヴァトール・ローザの「絵のような」「ピクチャレスクな」風景庭園に「再改良」している。その頃この屋敷には詩人バイロン（言及されるだけで一度も舞台には登場しない）や（架空の）三文詩人エズラ・チェイターとその妻も滞在していて、そこに伯爵夫人レイディ・クルーム、令嬢の天才少女トマシナとその専属家庭教師セプティマス・ホッジらが絡んで複雑なドラマが展開する。現在の場面ではそのノウクスのピクチャレスクな庭園にあった「隠者小屋」に住んでいたとされる「雇われ隠者」（十八世紀後半から十九世紀初頭にかけてこの種の「隠者」が実在した）を研究する歴史作家ハンナ・ジャーヴィスと、バイロンとチェイターの関係を調査する英文学者バーナード・ナイティングイルが滞在していて、そこに屋敷の娘クロウィー、息子ヴァレンタインとガスが絡んでやはり複雑なドラマが展開する。

この芝居では様々な恋愛感情と邪念と野心が入り乱れるカントリー・ハウスを些かアイロニカルに「アルカディア」と称している。摂政時代は産業革命の影響やナポレオン戦争、また来たるべき第一次選挙法改正に象徴される社会制度の変革など、乱世とも言える変化の過渡期であり、同時に古典主義からロマン主義への転換期でもあった。英国式風景庭園もまた、ブラウン流であれピクチャレスク流であれ、手つかずの自然ではなく人間が生活する田園すなわち半自然を再現したものに他ならない。

コラム

地球温暖化が伝統的ファーストフードに及ぼす影響

地球温暖化（global warming）の影響で、北海に棲息する魚類がより冷たい水を求めて北上していることが明らかになった。二〇〇五年五月十三日の『インディペンデント』の記事によれば、過去二十五年の間に cod や haddock（いずれも鱈の一種）といった「商業的に重要な魚（commercially important fish）」を含むおよそ十五種類が、その棲息域を北に移しているという。コッドやハドックがなぜ「商業的に重要」なのかといえば、これらは英国の伝統的ファーストフードであるフィッシュ＆チップスの二大定番メニューだからである。

コッドの棲息域はこの四半世紀で七十三マイル（約一一七キロ）北上し、ハドックの棲息域の南限も六十五マイル（約一〇四キロ）北に移動した。イソギンポ（snake blenny）に至ってはその南限が二五〇マイル（約四〇〇キロ）も北上したという。小型で寿命が短く、ライフサイクルが短い種類ほど北上の度合いも大きいらしい。一方で bib（小型の鱈）や scaldfish（小型のヒラメ）など、元来は北海よりも南に棲息していた種類が北海まで北上して来ている。イースト・アングリア大学の海洋生物学者アリスン・ペリー博士は、このままでは二〇八〇年までに北海からコッドが完全にいなくなり、ビブばかりになる、と話している。

北海に棲む魚類の棲息域北上は年間平均して一・四マイル（約二・二キロ）ずつ進んでいるという。この速度は、蝶や鳥や高山植物が同じく温暖化の影響で北上している速度の四倍らしい。地球温暖化がこのまま進めば北海の水温は二〇二〇年までに平均して〇・五度から一度上昇し、さらに二〇五〇年までに一度から二・五度、その後二〇八〇年までに四度上昇すると推測されている。二〇八〇年のフィッシュ＆チップス店にコッドはあるのか、それともビブに取って代わられているのか、あるいはマクドナルドやケンタッキーに淘汰されてこのような伝統的ファーストフード店自体がなくなってしまっているのだろうか。フィッシュ＆チップスは私の好物でもあるので、英国の伝統はそれほど柔ではないと信じたい。

第4章

英国文化は英語表現に学べ

倫敦地下鉄広告——コピーに見る英国的ユーモア

ロンドンの地下鉄は楽しい。などと言うと、車内は狭く汚く冷房もない車両が多いし運賃は法外に高いし電車は時間通りに来ないし突然何の前触れもなく駅が閉鎖されるし長いエスカレイターはよく止まるので歩いて上り下りすることを余儀なくされるしよしんば動いていてもエスカレイターのステップとベルトの動きが合っていないから右手だけ前に行ってしまったり後ろに行ってしまったりするし、あんなふざけた地下鉄のどこが楽しいのか、という意見もあるだろうが、広告が楽しいのである。駅の壁や車内を彩る広告を読んでいると（何しろ来るはずの電車はなかなか来ないことも多いし、やっと来たと思って乗り込むと途中で訳もなく止まってしまうので、ありがたいことに広告を読む時間は十分にある）、英語の勉強になるばかりでなく英国文化の意外な一面が見えたりするのだ。例えば八月頃にはやたら花粉症の薬の広告が増えるが、このことは英国では夏の終わりが花粉症の最盛期であることを物語っている。「花粉症」は英語で hay fever というくらいだから、干草がその主な原因のひとつなのである。

これまでに見たうちで最高傑作の広告はヴァージン・アトランティック航空のものである。この航空会社（ひと頃は鉄道会社から生命保険、宝くじの販売までやっていた。そう言えばヴァージン・コーラというのもあった）は元々レコード屋が母体だったため、機内のエンターテインメントが充実していることが売り物なのだ。エコノミー・クラスの全席にTVモニターをつけて、ニュース、映画からゲームまで楽しめるようにしたのもこのエアラインが最初であった。私も以前、英国に行くときにはよく利用した（現在は残念ながら日本から撤退している）。

さて、そのようなヴァージン・アトランティック航空だが、その広告はエコノミー・クラスの座席に座った坊主頭の男の後頭部を大写しにして、広告文は Other airlines' in-flight entertainment とその後頭部に白抜きで書かれている。そして下の方に控えめに、Fly Virgin. And get a seat back TV in Economy. と添えてある。確かにその当時はエコノミー席にモニターのなかったN航空やZ空、或いはヴァージンの宿敵Bエアウェイズで日本から英国に行く場合、成田からヒースロウまでのおよそ十二時間の飛行時間をずっと他人の後頭部を眺めて過ごすことを余儀なくされていたのだ。この広告は絵柄を坊主頭の男にしたことによって強烈なインパクトを与えることに成功していると言えよう。ちなみにFly Virgin. は命令文で、flyが他動詞で「（特定の航空会社の便で）飛ぶ」という意味、Virginがその目的語である。

もうひとつの名作は染毛剤の広告であった。左半分に海を背景にビキニ水着の美女がブロンズの髪を海風に靡《なび》かせて俯き加減に微笑んでいる。よく見ると彼女は自分の水着のパンツの中を覗き込んでいる。そして左半分に広告文。Keeps hair colour so long you'll forget your natural one. はい、わかりますか？　余計なことかも知れないけれどわからない人のために文法的に説明しておきましょう。この文はいきなり動詞で始まっているけれど、三人称単数現在のsがあるから命令文ではないことがわかりますね。前に主語Itが略されているのです。Itが指すのは勿論この染毛剤です。そしてこれはいわゆる「so 〜 that構文」ですよ。但しthatは略されていますが本当はyou'llの前にあります。これでわかりましたね？　正解は「（この毛染めは）色がとても長持ちするので、生まれつきの髪の色を忘れてしまうでしょう」ということです（naturalは「生まれつきの」）。彼女が自分の下腹部を見て「生まれつきの色」を確認していることは言うまでもありません。

日本でもJR各社の広告には優れたものが多いが（何しろ山下達郎の歌を使って名古屋駅をあれだけロマンティックな場所にしてしまったJR東海のクリスマスシーズンのCMがその典

型である)、英国のBritish Rail(BR)も負けていない。JRが映像、雰囲気を売り物にしているとすれば、BRは言語、ユーモアで勝負していると言えよう。民営化以前の話になるが、ロンドン~ブリストル間の所要時間が大幅に短縮されたときBRが地下鉄に出した広告は、We've made The Times's crossword more difficult. だった。『タイムズ』といえば保守派インテリ向け新聞の代表である。この紙面に毎日掲載されるクロスワードは大変難しい。しかも日本の新聞雑誌に時折あるクロスワードと違って、すべてのマスをただ埋めるだけで、そこに何かしら単語が隠されているわけでもなければ、全部埋めると何か賞品がもらえるというわけでもない。ただひたすら言葉を探して行くだけの、高度に知的な言語遊技である。長距離列車の車内では見るからに知的専門職階級と思しき「英国的」紳士(まあ要するに肘当てのついた古いトゥイードのジャケットなどを着た、いかにも田舎の牧師か教師といった風情の中高年男性)が真剣な面持ちで『タイムズ』のクロスワードを解いている光景をよく見かける。BRの広告が言うように、乗車時間が短くなれば当然解答のための「制限時間」も短くなるというわけである。

同じ時期にロンドン~リヴァプール間にも高速の特急列車が走るようになって、その広告は Take twenty winks in our train. であった。いくら何でも二十回まばたきする間にロンドンからリヴァプールまで行けるわけはないのだが、これは英語によくある誇張によるユーモアである。またここでは、forty winksという「食後のまどろみ」を意味するイディオムとの関連を見落としてはならない。食後のまどろみの半分の時間でリヴァプールに到着してしまうということなのである。ビートルズならこれを「黄金のまどろみ」'Golden Slumbers'と歌うであろう。それにしても「知的な」クロスワードと「怠惰な」午睡というコントラストが、ブリストル行きの特急とリヴァプール行きのそれとの客層の違いを反映している、と考えるのは深読みし過ぎだろうか。

ロンドンの南東のケント州は「ガーデン・オヴ・イングランド」と通称される美しい田園地帯であるが、ここに「イングランドで最も美しい城」と言われるリーズ城がある。この城はおよそ九百年前のヘンリー一世の時代に建てられ、のちにヘンリー八世が作らせた豪華な大広間でも注目される。ご存知の通りこのヘンリー八世はとんでもない暴君で、「宗教改革」とやらを遂行してイングランド国教会を創設したことで知られるが、その理由がこともあろうに王妃と離婚して愛人と結婚したくなったのにローマ教皇がそれを許可しなかったからカトリックを脱会して修道院を解散させ、自分で勝手にイングランド国教会を作ってしまったということなのだから笑うしかない（とは言え、これには当時多くの修道院が堕落を極めていたという背景もあった）。結局、王妃キャサリン・オヴ・アラゴンと離婚して愛人アン・ブーリンと再婚するが、この新しい妻にもすぐに飽きてしまい（後継者すなわち男児を産まなかったというのが表向きの理由だが）、次々と離婚・再婚を繰り返しては前妻を追放したり処刑したりした（三人目のジェイン・シーモアとは死別。英語では一人目のキャサリンから順に divorced, beheaded, died, divorced, beheaded, survived と覚える）。

このヘンリー八世の城でもあったリーズ城の広告は次のようなものであった。Now Henry VIII has gone, it's perfectly safe for wives. 文頭の Now は後ろに that が略されていて、接続詞である。「～した今となっては」ぐらいの意味だ。主節の主語 it はいわゆる「場面・状況の it」であり、現在のリーズ城の状況を指す。危険人物ヘンリー八世は一五四七年に死んでしまったので、今となっては世の奥様たちがリーズ城に行っても全く安全なのであった。

最後に、これは広告ではないが、地下鉄の扉に必ず貼られている注意書き Obstructing the doors causes delay and can be dangerous（閉まる扉の前に立つと電車の遅延を引き起こし、また危険でもある）に対する定番の落書きがある。それは obstructing の ing と causes の三単現の s、それに can の三か所を消してしまうだけの簡単なものだ。これによって注意書きは obstruct the doors cause delay and be dangerous になる。そうなると意味は「閉まる扉の前に立ち、電車を遅れさせ、危ない目に遭いなさい」という命令文になってしまう。落書きの犯人が几帳面な奴の場合、doorsの後にちゃんとコンマが打ってあったりする。その几帳面な奴がもしオクスフォード大学出身者か米国人だった場合、delayの後にもコンマを打つのであろうか。

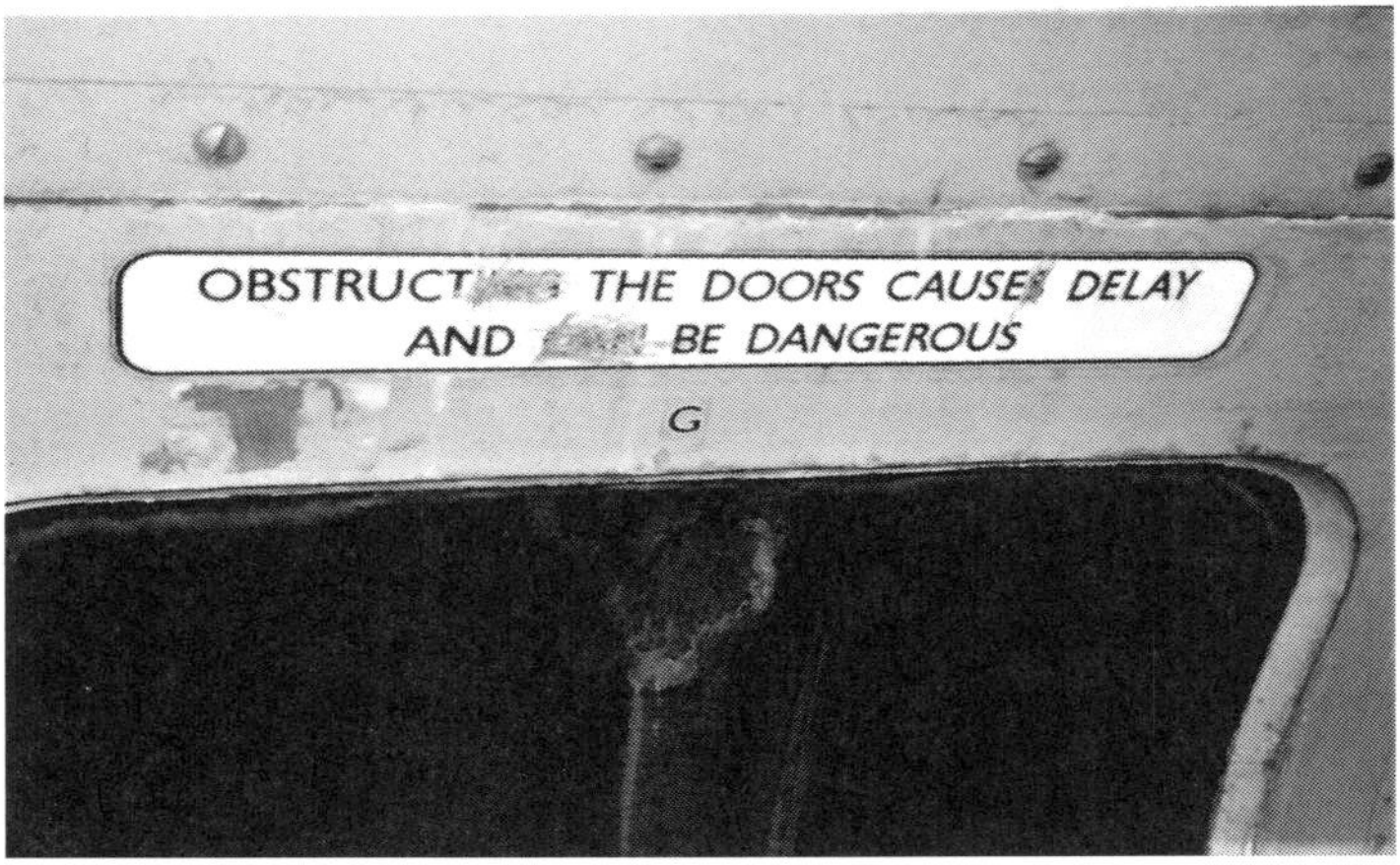

地下鉄の扉の注意書きによくある悪戯

コラム

オクスフォード・コンマ

英語で三つ以上のものを列挙する際には、A, B and C とか A, B, C, D and E のように最後の語句の前に一つだけ等位接続詞 and を置く（or や but の場合も同様）。例えば Last weekend we went to town, did some shopping and had a good time. とか Her favourite poets are Burns, Blake, Byron, Browning, Bridges and Betjeman. のようになる。

米国ではこういう場合、A, B, and C とか A, B, C, D, and E のように and の前にもコンマを打つことが多い。右の例文を米国式に書き換えると、Last weekend we went to town, did some shopping, and had a good time. / Her favorite poets are Burns, Blake, Byron, Browning, Bridges, and Betjeman. となる。英国でもオクスフォード大学関係者はこのコンマを打つ傾向がある。これはオクスフォード大学出版局（Oxford University Press）が伝統的に and の前にコンマを打っていることが影響しているらしい。このコンマを文法用語で serial comma と言うが、俗に Oxford comma とか American comma とも言う。

オクスフォード・コンマを打つか打たないかは好みの問題であり、どちらが正解ということはない。だが、場合によってはこのコンマの有無が文意に影響することもあり得る。例えば、Last night I met her parents, John and Mary. は二通りに解釈できてしまう。目的語を A, B and C と考えれば「昨晩私は彼女の両親とジョンとメアリーに会った」ということになるが、parents の次のコンマを同格のコンマと考えれば「昨晩私は彼女の両親、すなわちジョンとメアリーに会った」という意味になる。オクスフォード・コンマを打って Last night I met her parents, John, and Mary. とすれば間違いなく「昨晩私は彼女の両親とジョンとメアリーに会った」である。

『ナルニア国物語』第一巻『ライオンと魔女』の原題は *The Lion, the Witch and the Wardrobe*（『ライオンと魔女と衣装箪笥』）である。この小説はピーター、スーザン、エドマンド、ルーシーの四人兄弟姉妹が古い箪笥を通って別世界ナルニア国に行き、ナルニア国を邪悪な魔女の呪いから救う物語であり、冒頭は Once there were four children whose names were Peter, Susan, Edmund and Lucy. と始まる。

だが作者C・S・ルイスはオクスフォードの人だ。オクスフォード大学ユニヴァーシティ・コレッジで古典学・哲学・英文学を学び、オクスフォード大学モードリン・コレッジの研究員兼講師として英文学（特に中世・ルネサンス文学）を三十年にわたって講じた（晩年はケインブリッジ大学に教授として引き抜かれたが）。そうなると、典型的なオクスフォードの学者であるルイスは、原稿ではタイトルを *The Lion, the Witch, and the Wardrobe* と、語り出しの文をOnce there were four children whose names were Peter, Susan, Edmund, and Lucy. と、書いていたはずだ。私の手許には複数の版の『ライオンと魔女』があるが（パフィン版とハーパー・コリンズ版）、いずれもタイトル、本文ともにオクスフォード・コンマは打たれていない（パフィン版は背表紙にのみオクスフォード・コンマがある）。いずれにせよ、これらはそれぞれの出版社が独自の書式に従って改訂しているのである。

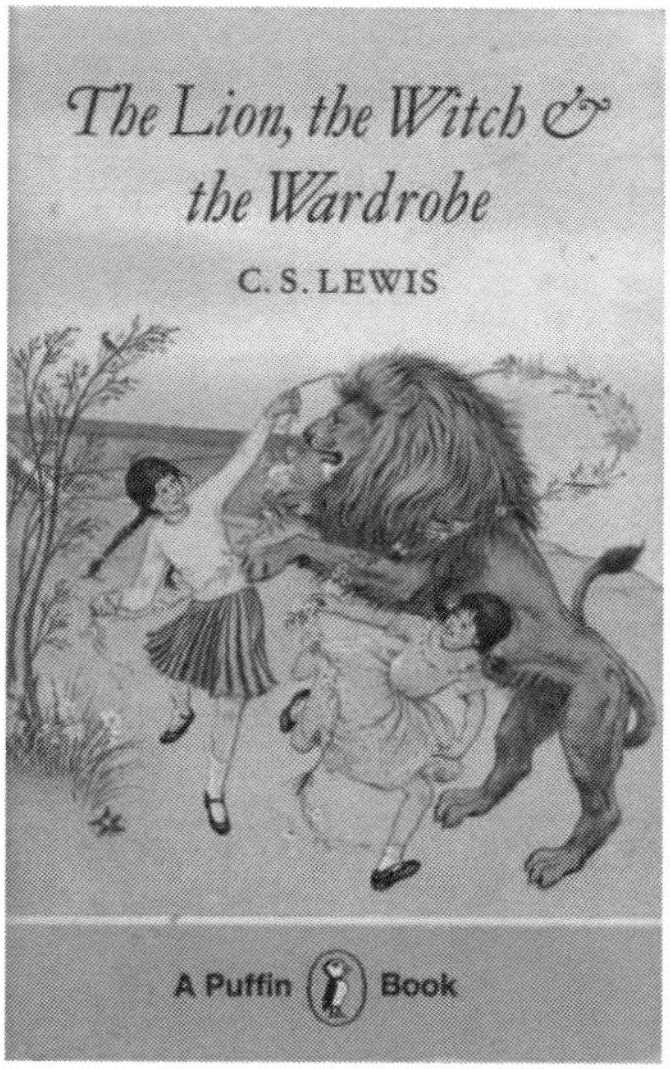

パフィン版『ライオンと魔女』書影

英国のスーパーストアに見る階級事情

外国のスーパーは楽しい。その国を、そしてその街を本当に知りたければ、観光名所に行くよりもスーパーに行く方が遥かによかろう。観光地には観光客と観光業者しかいないが、スーパーにはその土地の普通の人々がいつでも集まっているのだから。そしてそこには、必ず何かしら意外なものが売られている。英国なら例えばスパゲッティの缶詰とかトーストを立てるためのラックとか。しかも、店内を歩き回っているだけで、有難いことにその国の言葉のいくつかを自然に覚えてしまう。突然だが、「まな板」、「もやし」、「綿棒」、「糊」、「録画用ＤＶＤ」を英語で何と言うか、すべてに即答できる人はあまり多くないであろう。だが、英語圏のスーパーで買い物をした経験が何度かある人なら、cutting board, beansprouts, cottonbuds, glue, blank DVD と即答できるのではないか。英単語（に限らずあらゆる外国語の単語）というものは概して、単語帳や辞典でいくら勉強してもすぐに忘れてしまうものだが、店頭で現物を見ながらそこに表示された単語を見れば、現物のイメージや店内の雰囲気と相俟って記憶に定着しやすいものだ。ついでに言っておけば、文脈やイメージ的連想と無関係に単語をいくら暗記しても、どうせすぐに忘れてしまうであろうし、たとえ覚えていても実際にその単語を適切に使いこなせるようにはなかなかならないのである。

さて、英国の有名なスーパーと言えば、テスコ（Tesco ——より正確に表記すれば「テスコゥ」だが、ここでは「テスコ」と表記する）、セインズベリーズ（Sainsbury's）、アズダ（Asda ——これも「アーズダー」と書いた方が原音に近い気がするが、ここでは「アズダ」）そしてモリソンズ（Morrisons）だ。それに独自の品質と高級感で差別化を図るウェイトロゥズ（Waitrose）、比較的小規模な店舗に特化したサマーフィールド（Somerfield）、さらに生協（Co-op）やマークス&スペンサーの「シンプリー・フード」（Simply Food）もあれば、冷凍食品に重点を置いたアイスランド（Iceland）、ドイツから進出して来た激安店リドル（Lidl）とアルディ（Aldi）もある。

何年か前の夏期英国短期セミナーの引率時に、最初の三日間にロンドンの主な観光名所を、その次の日にオクスフォードの街を一通り周遊し、その間にロンドンとオクスフォードで一度ずつ、全員でスーパーに買い物に行ったことがあった。それで四日目の夜に、そんなわけでこれまで見たうちでどこが一番よかったか、と訊いてみたところ、「テスコ」と即答した男子学生が二人いた（日本にテスコを誘致したいとまで言っていた。その後、テスコは日本に進出したが、誘致したのは無論彼らではない）。ロンドン塔よりもバッキンガム宮殿よりも、マダム・トゥーソウの蠟人形館よりもウェストミンスター大聖堂よりも、オクスフォードのコレッジや古い街並よりもテスコの方が、彼らの心を強く捕らえていたのである。

テスコは四大チェーン店の中でも突出して最大手であり、英国全土に約四千六百の店舗と三十六万人の従業員を擁する。「包括的提供」（inclusive offer）を信条とし、すべての地域のあらゆる階層の顧客が望む商品を提供する、ということを心がけているらしい。周知の通り英国は階級社会であり、それぞれの階級ごとに好みも生活様式も著しく異なるため、この「包括的提供」は私たちが思うより遥かに困難なことなのだ。テスコが最大手になった理由も、この難しい戦略に成功したからなのであろう。

テスコの起源は一九一九年にジャック・コウエンがロンドンのイースト・エンド（いわゆる下町）に開いた、他の店で売れ残った食品を安く売る露店であった。初日の売り上げは四ポンド、純利益は一ポンドだったらしい。テスコという名前の由来は一九二四年にコウエンが独自の銘柄の紅茶の販売に乗り出したとき、紅茶卸売り業者T・E・ストックウェルのイニシャル「T・E・S」とコウエンの「Co」から、このオリジナル紅茶を「テスコ・ティー」と命名したことによる。一九二九年にロンドン北郊のエッジウェアに開いた新店舗に「テスコ」の名を冠して、以後ロンドン近郊を中心に支店を増やし、一九四七年に株式を上場した。この頃はまだカウンター越しに店員が客に商品を手渡して売る形式だったが、一九五六年にロンドン南郊のモールデンに（倒産した映画館を改装して）出店した大規模店舗から、セルフサーヴィス式のいわゆるスーパーマーケットになった——このスタイルの店舗の導入は後述のセインズベリーズの方が早かったのだが。この後一九六八年にウェスト・サセックス州のクローリーに大型店舗を出店した頃、「スーパーストア」（superstore）という語が一般に使われるようになった（初出は一九四三年）。ちなみに「スーパーマーケット」（supermarket）は一九三〇年代から米国で、英国では一九五〇年代後半から使われている（英国ではスーパーストアの方が一般的）。そして、このようなスーパーストアがさらに巨大化した郊外の超大型店舗を、一九七〇年代から「ハイパーマーケット」（hypermarket）と呼ぶようになったらしい。一九七四年からはテスコのこのようなハイパーマーケットに給油所が併設されるようになり（町中や街道沿いの給油所より安い場合が多い）、一九九〇年代にはオンラインによる書店や銀行をも始めている。九〇年代末期には携帯電話やインターネット・プロヴァイダーの分野にも参入し、二〇〇二年からは衣類の自社ブランド「チェロキー」を、二〇〇四年からは音楽ソフトのダウンロード販売をも開始した。また郊外型ハイパーマーケットとは別に都市型の小規模店舗「テスコ・メトロ」やコンビニ形式の「テスコ・エクスプレス」もある。

業界第二位はセインズベリーズである。かつてはこのセインズベリーズが第一位だった。現在は英国全土に約千五百のスーパーと七百以上のコンビニ、そして約十八万人の従業員を擁する。「包括的提供」のテスコと比べるとややミドル・クラスの嗜好に特化したような印象がある。私はセインズベリーズの大規模店舗にあるサラダバーとデリカテッセン、それにここの自社ブランドのジンジャービアとジャファケイク（オレンジゼリーとチョコレートがトッピングされたビスケットのようなもの。紅茶に合う）が好きなので、英国滞在中にはテスコよりもセインズベリーズに行くことが多い。

このチェーン店は一八六九年にセインズベリー夫妻がロンドンのドゥルーリー・レインに乳製品を売る小さな店を開いたのに始まった。その乳製品が良質だったので評判を呼び、イズリントンやケンティッシュ・タウンなどロンドンのあちこちに支店を増やし、十九世紀の終わりには四十八店を数えた。二つの世界大戦の間の大不況時に事業を大幅に拡大し、ロンドン周辺だけでなくミッドランズ地方（イングランド中部の工業地帯）にもこの頃進出した。早い時期から店内の装飾や自社ブランド製品のパッケイジ・デザインに工夫を凝らしていた。一九五〇年にロンドンの南のクロイドンに初めてセルフサーヴィスの店舗を開設したが、この当時市民は物資の不足と配給の長蛇の列にうんざりしていたため、この新しいシステムは大いに歓迎された。一九四七年にはケインブリッジの郊外に初めてのハイパーマーケットを開き、またこの頃から自社ブランドのワインや、食品以外の領域をも充実させるようになった。近年ではテスコ同様、給油所を併設した大型店舗も増え、一方でコンビニ「セインズベリーズ・ロウカル」や、給油所とコンビニを兼ねた店舗もある。なお、ロンドンの国立美術館ナショナル・ギャラリーの二十世紀末に増築された一画が「セインズベリー・ウィング」と命名されているのは、このセインズベリーの四代目に当たるジョン・セインズベリー男爵と二人の弟からの寄付によって建てられたからである。

セインズベリーズに次いで業界第三位のアズダは、前者と比べても、またテスコと比べても、遥かに庶民的な雰囲気のスーパーである。一九九九年からは米国の大手スーパー、ウォルマートの傘下に入り、米国並の超大型店舗をも開設している。テスコやセインズベリーズと比べるとアズダの歴史は浅く、一九六五年にヨークシャー地方の酪農場の組合が創業した。「アズダ」の名前の由来は二つあり、それは「酪農場組合」（Associated Dairies）の最初の二文字ずつを取ったのと、母体となった店舗を所有していたアスクィス（Asquith）兄弟の「酪農場」（dairy）それぞれの最初の二文字を繋げたというものである。このアスクィス兄弟の店は小規模なものだったが、一九六三年にはウェスト・ヨークシャー州のカースルフォードに旧映画館を改装したセルフサーヴィス式のスーパーが開設された。

アズダは今でこそイングランド南部にも進出していて、六百以上の店舗を擁するが、元来はヨークシャー周辺など北部を主なテリトリーとしていた。このことは、アズダがテスコやセインズベリーズと比べて庶民向けの品揃えになっていることと大いに関係がある。温暖な気候の南部には伝統的に裕福なミドル・クラス以上の住民の比率が高く、工業地帯である中部や厳しい気候の北部には昔から貧しい労働者が多く住んでいた。このようなイングランドにおける南北格差は大変なもので、現在でも住民の平均年収や平均寿命はもとより、平均身長から喫煙率までが北と南で驚くほど大きく異なっているのである（ちなみに年収・寿命・身長は南高北低、喫煙率は北高南低）。北部に起源を持つアズダは、ロンドンから始まったセインズベリーズやテスコとは明らかに異なった階層の顧客を前提としているのだ。

同じくイングランド北部に起源を持つモリソンズも、アズダと同様に庶民的なスーパーである。現在は英国全土におよそ約五百店を展開していて、他のチェーンが近年食品以外の分野に手を広げているのに対して、モリソンズは今も食品に重点を置いている。二〇〇四年に米国資本のセイフウェイ（英国内では主としてイングランド南部とスコットランドに店を構えていた）を買収したため、それまでイングランド北部中心だったのがここで一挙に全国展開を果たしたことになる。旧セイフウェイを除いてモリソンズの店舗の正面入口上にはたいてい時計台があり、ある種のランドマークとなっている。

モリソンズは一八九九年にウィリアム・モリソンが創業した。モリソンはウェスト・ヨークシャー州のブラッドフォードで卵や牛乳を売る商人だった。数年前まで息子サー・ケン・モリソンが会長を務めていた。セイフウェイを買収する際に、小規模店舗を百以上サマーフィールドに売却したが、一方でセイフウェイの自社ブランドのうち高品質食品の「ザ・ベスト」と健康食品「イート・スマート」はそのまま名前を変えずに継承した。

かつてヨークシャー渓谷の小さな町で通りすがりに立ち寄ったモリソンズで、苺が二パック一ポンドで特売されていた。安いので大して期待もせずに買って、近くの川沿いのベンチで（洗いもせずに）食べてみたところ、甘みも酸味も強く味に勢いがあって非常に美味であった。あんなに安くて美味な苺にはあれ以来巡り会っていない。一期一会。

以上の四大チェーンの他に、独自の高級路線で孤高の地位を保つウェイトロウズにも是非注目しておきたい。私は普段から、どんなものでも高級品はあまり好まないのだが、このスーパーだけは大好きで、車で旅行中に、あるいは町を散策中に、見かけると用がなくてもつい入ってしまう。イングランド南部とウェイルズ南部を中心に三百以上の店舗があり、およそ五万三千人の従業員がいる。ウェイトロゥズはテレビや新聞雑誌の広告でも決して価格の安さを宣伝することはなく、価格に見合った以上の品質を強調する（とは言え別に驚くほど高いわけではない）。建物は白壁に緑色のロゴの落ちついた外観で、店内には音楽や呼び売りが一切なく、静かな雰囲気が保たれている。客層も他のスーパーとは明らかに違う。英国の成城石井だと言えば、知らない人にもイメージが伝わるであろうか。

ウェイトロゥズは一九〇四年にウォレス・ウェイト、アーサー・ロゥズ、デイヴィッド・テイラーの三人がロンドン西部のアクトン・ヒルに小さな食料品店を開いたことから始まった。その後、一九三七年に大手百貨店ジョン・ルイスに買収され、ウェイトロゥズという名前を冠したスーパーの第一号店を一九五五年にロンドン南郊のストレタムに開店した。

このスーパーの独自性はアッパー・ミドル・クラスにターゲットを絞った品揃えばかりでなく、その独特の経営形態にも見られる。ジョン・ルイスとウェイトロゥズでは従業員がこれらの会社の「パートナーシップ」すなわち部分的な所有権・経営権を授与され（このため従業員は「パートナー」と呼ばれる）、年に一度その収益金がすべての従業員に還元される。これは従業員の年間給与の一割から二割に相当する金額だそうだ。日本と比べて英国のあらゆる商店（スーパーに限らず）の店員には呆れるほど無愛想で態度が悪いのがいたりするが、その中にあってウェイトロゥズの店員は比較的感じがよい。これはこのように、それぞれの店員がその店を所有しているという誇りと責任感に起因しているようだ。従業員の平均就業年数も他のチェーン店のそれより遥かに長いらしい。二〇〇〇年からはイングランド北部への進出が始まり、サマーフィールドの店舗を十以上買い取って、これまで出店していなかった地域にも支店を出すようになった。また北部だけでなく、私が以前ときどき利用していたヘディントン（オクスフォードの東隣の町）のサマーフィールドも、久しぶりに行ったらウェイトロゥズになっていた。さらに二〇〇四年以降、モリソンズの旧セイフウェイ店舗を三十軒近くも買収している。この中にはエディンバラの二店舗も含まれていて、これまでは南部だけのチェーンというイメージだったウェイトロゥズが、全国区の高級スーパーというイメージに変容しつつある。

アズダとモリソンズが南部に進出してウェイトロゥズが中北部に店舗を増やしつつ

あるという現象は、この国で階級の均一化が進みつつあることの兆候なのかも知れないが、同時にそれはまたさらなる地方色の衰退という好ましくない結果をもたらすことにもなるのかも知れない。もっとも、全国チェーンのスーパーという存在自体が、各地域に根ざした個人商店の存在を脅かしているのは事実であり、特に最大手のテスコにはこのような意味からの批判が集中していて、テスコの進出に反対し続けている地方自治体もあるという。

追記1：二〇一〇年三月五日付の『タイムズ』によれば、ノーフォーク州北部の海辺の町シェリンガムで、市議会での投票によってテスコを誘致しないことが決定したという。代案として、地元の農場経営者が運営する環境重視型の大規模小売店を郊外に設立して、地元産の食物を販売し、そこにノーフォーク・フード・アカデミーという成人教育施設を併設して有機栽培や栄養学、調理法などを教える計画があると伝えられている。

追記2：二〇一四年四月二日付の『テレグラフ』によると、首相就任後もスーパーで買い物することを好むデイヴィッド・キャメロン首相（当時）が、ウェイトロゥズを最も気に入っていると公言したという。だがキャメロンの地元チッピング・ノートン（オクスフォードシャー州）にはウェイトロゥズがないため、普段はセインズベリーズに行っているらしい。

追記3：二〇一六年七月二十五日付の『テレグラフ』が伝えるところでは、近くにスーパーがあると不動産価格が平均して約二万二千ポンド上昇するらしい。ただしどのスーパーかによって上昇する金額も異なり、ウェイトロゥズだと三万八六六六ポンド、セインズベリーズで二万七五三九ポンド、マークス&スペンサーなら二万七一八二ポンド、テスコだと二万二〇七二ポンド、アイスランドなら二万三十四ポンド、モリソンズで一万五五八ポンド、アズダで五〇二六ポンド、リドルは三九二六ポンド、アルディは一三三三ポンド上がるのだそうだ。これを昨今の英国の不動産業界では「ウェイトロゥズ効果（Waitrose effect）」と呼んでいるとのことである。

ジョージ・オーウェル的紅茶道

紅茶を淹れる時、ティーカップに紅茶を注いでからミルクを加えるべきか、あるいはミルクをティーカップに入れてからその上に紅茶を注ぐべきか。これは長年にわたって英国で議論され続けて来た重大な問題である。だが、ついにその論争に（一応の）終止符が打たれたようだ。王立化学協会の発表では、ミルクを先に入れておくことが「科学的に正しい」方法とのことである。これはオーウェルの紅茶道に反することなのだが。いずれにせよ「ミルク後派」もこれから反論を試みるであろうから、論争はまだまだ続くに違いない。

ジョージ・オーウェル（一九〇三〜五〇）は二十世紀英文学を代表する作家のひとりである。本名をエリック・アーサー・ブレアという。英国のかつての首相トウニー・ブレアと同姓であり、この姓はスコットランドに起源を持つ。オーウェルは父親の仕事の関係でインドに生まれ、テムズ川の畔の小さな町ヘンリー・オン・テムズで育ち、名門パブリック・スクールの代表的存在であるイートンに学び、その頃両親はサフォーク州東海岸のサウスウォルドに転居したため、しばしばそこに「帰省」した。彼はインドでもスコットランドでもなくイングランドを自分の祖国と認識し、ブレアというスコットランド的な姓を嫌ってジョージ・オーウェルというきわめてイングランド的な筆名を使ったという。ジョージはイングランドの守護聖人セント・ジョージに由来する名前であり、オーウェルはサフォーク州を流れるオーウェル川に因んだらしい。

小説家としては政治的寓話『動物農場』*Animal Farm*（一九四五）や近未来小説『一九八四年』*Nineteen Eighty-four*（一九四九）、ジャーナリストとしては『パリ、ロンドンどん底生活』*Down and Out in Paris and London*（一九三三）、『ウィガン・ピアへの道』*The Road to Wigan Pier*（一九三七）、あるいは『カタロニア賛歌』*Homage to Catalonia*（一九三八）などを著し、またエッセイスト、コラムニストとしても活躍した。有名な紅茶論は一九四六年一月十二日に夕刊紙『イーヴニング・スタンダード』に掲載されたコラム「一杯の美味なる紅茶」'A Nice Cup of Tea' に詳しく述べられている。今回の王立化学協会の発表も、オーウェルの生誕百周年を記念したものであった。

オーウェルの紅茶道には「黄金の掟」と称される十一箇条がある。原文を引用しながらこれらの黄金律を検討しよう。

（1）First of all, one should use Indian or Ceylonese tea.

茶葉の産地はインドかセイロン（現在のスリランカ）に限るのだそうだ。この箇所でオーウェルは、「中国茶にも（……）多くの美点があるが、中国茶には刺激が足りない」と付け加えている。ここでこの作家が言う中国茶とは、中国原産の紅茶ではなく普洱《プーアル》茶や茉莉花《ジャスミン》茶、あるいは烏龍《ウーロン》茶のようなもののことらしい。しかしキーマンとかアール・グレイとかラプサン・スーチョンとか、中国原産の茶葉を使った「英国式」紅茶も数多あるし、かつて英国が中国の茶葉をしきりに欲しがった結果が阿片戦争だ。インド、セイロンに良質な茶葉があることは事実だが、中国産の茶葉でいけない理由はない。「茶」と tea は元来同じ語であり（フランス語の「テ」とかドイツ語の「テー」とかトルコやインドなどの「チャイ」とか、茶を表す語はきわめて広い範囲で同根）、また紅茶も緑茶も黒茶も白茶も青茶も、茶葉を発酵させるプロセスや度合いが異なるだけで、葉の種類がそれほど大きく異なるわけではない。この第一条は、単にオーウェル個人の嗜好の問題と考えた方が良さそうだ。

（2）Secondly, tea should be made in small quantities — that is, in a teapot.

ティーポット以外のティーポットより大きいもの（薬缶など）で紅茶を淹れてはいけないということである。ここでオーウェルは、ティーポットも陶器や磁器でなければならず、銀器やブリタニア器はあまり好ましくなく、エナメルは問題外だと述べている。ちなみに日本の喫茶店でときどき見かける円筒形の耐熱ガラスの「茶器」は、英国では珈琲を入れるための道具である。オーウェルはピューター（しろめ＝錫を主成分とする合金）のティーポットは「悪くない」としているが（これは英国的 understatement ——控え目な表現——だから「かなり良い」と解釈するべきであろう）、これはこのコラムが書かれた当時でさえ既に稀少品（a rarity）であったという。私たちが日本で紅茶を淹れて飲む場合には、手頃なティーポットがなければ大きめの急須を使ってもよかろう。

（3）Thirdly, the pot should be warmed beforehand.

これは常識中の常識と言ってよい。ティーポットが冷えていると湯を注いだときに湯の温度が少し下がるため、のちの第六条で詳しく述べることになるが、茶が十分に濃くならないのである。オーウェルはまた、ポットを暖めるに際しても、湯を注いで捨てる方法よりも炉棚にポットを置く方法を推奨している。この理由はここでは述べられていないが、おそらくは湯で暖めるとポットの底に水分が残り、その温度がすぐに下がってしまうばかりでなく、茶葉を入れたときに茶葉が水分を帯びてしまうからであろう。

（4）Fourthly, the tea should be strong.

好みの問題であろうが、英国では一般に濃い紅茶が好まれる。日本の水質には緑茶が、英国の水質には紅茶が適していることは言うまでもないが、英国の水道水はカルシウム分を多く含む硬水であるため（何しろドウヴァーの白い断崖を見れば、ブリテン島の特に南東部がいかに石灰質を多く含んだ地質であるかがわかる）、紅茶の色と味は濃く出るが苦味はあまり出ないのである。日本で紅茶をあまり濃くしすぎると苦くなってしまうが、英国ではそのようなことはない。英国から茶葉を買って帰って来て、日本で淹れて飲んでも現地で飲むのと同じ味がしないのは、もちろん気分の問題もあるが、このように水質の違いのためでもあり、科学的にも根拠があることなのだ。しかし有難いことに、日本の水質に適した茶葉もちゃんとある。英国のスーパーならどこにでもある「ヨークシャー」という紅茶（リーフティーとティーバッグの両方がある）がそれである。これはノース・ヨークシャー州のハロゲイトという温泉町で、そこの水質に合うようにブレンドされているものだが、この土地の水は（英国の中では）比較的カルシウム分が少ない。ただし、ヨークシャー紅茶にはロンドンの水質に合わせたブレンドもあるので、間違えてこれを買わないよう注意されたい。オレンジ色のラベルがハロゲイトの軟水用、金色がロンドンの硬水用だ（日本の百貨店などの「英国フェア」では、なぜかこの金ラベルばかりを——それも法外な価格で——売っているのをよく見かける）。

（5）Fifthly, the tea should be put straight into the pot.

つまりティーバッグや茶漉しなどの「茶葉を牢獄に閉じこめるような仕掛け」（devices to imprison the tea）は一切無用だということだ。ただし今日では通常の英国の一般家庭で消費される紅茶のほとんどはティーバッグであり、また余程高級な喫茶店やホテルでない限り、店で出される紅茶の圧倒的多数もティーバッグである。確かにリーフティーでしかも茶漉しなしの方が、葉が十分に攪拌されるので、より濃く味も香りも優れた紅茶が淹れられることは事実であるが、カップに注ぐときにはストレイナーが必要であるし（オーウェルはこれも不要だと主張しているが）、後始末も面倒である。前項で述べたとおり水質が紅茶に適しているため、英国ではティーバッグの紅茶でも十分に美味なのだ。

（6）Sixthly, one should take the teapot to the kettle and not the other way about.

この第六条こそがオーウェル的紅茶道の最も注目すべき点である。このセンテンスだけを引用すると何を言っているのかよくわからないが、オーウェルは続けて次のように言う。The water should be actually boiling at the moment of impact, which means that one should keep it on the flame while one pours. つまりこの項目は、確実に濃く美味で香り高い紅茶を淹れるために、茶葉と湯の「ぶつかり合い」（impact）の瞬間に湯は「実際に沸騰して」（actually boiling）いなければならないと主張しているのであり、それ故に「ティーポットを薬缶のところまで持って行かなければならないのであって、その逆すなわち薬缶を持ってティーポットのところまで来るのは絶対に駄目だ」（その間にほんの少しだが湯の温度が下がる）ということなのである。

（7）Seventhly, after making the tea, one should stir it, or better, give the pot a good shake, afterwards allowing the leaves to settle.

ティーポットに湯を注いだのち、より濃く出すために少し攪拌するかポットを振り、そののちに茶葉を落ち着かせる。オーウェルはこの箇所でティーポットの形態については言及していないが、茶葉をポットの中でより効率よく「踊らせる」ためには、なるべく球形に近いポットが望ましいということを付け加えておきたい。

（8）Eighthly, one should drink out of a breakfast cup — that is the cylindrical type of cup, not the flat, shallow type.

要するにいわゆるティーカップではなく、英国のホテルで朝食時に使うような円筒形のカップで飲めということだ。理由は円筒形の方が冷めにくいから。念のため、out of が from とほぼ同じ意味だということは知っていますね？　老婆心ながら注意しておきますが、くれぐれも「ブレックファースト・カップの外側から」と解釈しないように。

（9）Ninthly, one should pour the cream off the milk before using it for tea.

昔ながらのノンホモ牛乳（均質化されていない牛乳。接頭辞 homo- はギリシア語「同一の」「均質の」）は、しばらく時間が経つと脂肪分が上の方に浮いて来る。この浮き上がった脂肪分が固まりかけたものを「クリーム」と呼ぶ。紅茶に使う場合はこれを取り除いておかなければならないということだ。ついでながら、日本の喫茶店の中には、紅茶用のミルクを温めて持って来るところがあるが、加熱した牛乳は独特の臭いを放つので、紅茶の味と芳香を著しく損なう。何故ああいう余計なことをするのか理解に苦しむ。牛乳で紅茶を冷まさないための「配慮」なのだろうか？　いずれにせよ、要らんことをするなと言いたい。それから、オーウェルの紅茶論においては、また多くの英国人が紅茶を飲むに際しては、ミルクを入れずに飲むという選択肢は初めから存在しない。

(10) Tenthly, one should pour tea into the cup first.

この項目が最も論争を呼んでいる点であり、オーウェルもThis is one of the most controversial points of all と続けている。オーウェルの論拠は、ミルクを後に入れる方が入れるべきミルクの量を間違わずに済むということである。先頃の王立化学協会の見解ではしかしながら、熱い紅茶の上にミルクを注ぐとミルクの中の蛋白質が紅茶の熱で変性して風味が落ちる、とのことだ。「ミルク後派」は上流階級に多く、労働者階級には「ミルク先派」が多いという風説もあるが眉唾ものだ。自炊生活が長かった私は、王立化学協会とはまったく異なった理由で長年「ミルク先派」である。つまり、ミルクを先に入れておけば後でかき混ぜる必要がなく、したがってティースプーンを洗う手間が省けるということだ。それに、おそらくは気のせいであろうが、ミルクを先に入れた方がミルクと紅茶がよく馴染むような気がする。

（11）Lastly, tea — unless one is drinking it in the Russian style — should be drunk *without sugar.* （斜字体原文）

オーウェルは I know very well that I am in a minority here. と続けているが、一方で「砂糖を入れるくらいなら胡椒か塩を入れても大差ない」とまで言い切っている。紅茶に砂糖を入れて飲むような「間違った人々」（misguided people）に対してこの作家は次のように語りかけている。Try drinking tea without sugar for, say, a fortnight and it is very unlikely that you will ever want to ruin your tea by sweetening it again. これは「命令文＋and」の構文ですね。「～しなさい、そうすれば……」という意味です。途中に挿入されている say は「たとえば」、「まあ言ってみれば」くらいの意味、fortnight は「二週間」で、語源は fourteen nights でしょう。それから ruin は「廃墟」という名詞としての意味を知っていれば、ここで使われているような動詞としての意味も文脈から推測できるはずです。

オーウェルがこのコラムを書いたのは第二次世界大戦後間もない頃であり、当時は紅茶の葉ももちろん配給制だった。したがってそこに述べられている紅茶道もまた、限られた貴重な茶葉からいかに濃い美味な紅茶を出すか、という一点にその主な関心が集中しているのである。なお、このコラムはペンギンのペイパーバック *The Collected Essays, Journalism and Letters of George Orwell* の第三巻に収録されている。平凡社ライブラリーと岩波文庫に邦訳があったと思う。

コラム

紅茶文化の衰退

英国における伝統的な紅茶の消費量が減少しているらしい。ここで言う「伝統的な紅茶」とは（ハーブ・ティーやフルーツ・ティーなどを除いた）いわゆる英国で昔から飲まれている紅茶のことである。『タイムズ』二〇〇五年五月十八日付に Coffee and fizzy drinks are now our cup of tea という見出しの記事があった。この見出しの our cup of tea というのは「私たちの好むもの」という意味である。英語で one's cup of tea というのはよく使われるイディオムであり、たとえばある女優について She is not my cup of tea. と言うと、「（あの女優は）私の好きなタイプではない」という意味だ。この『タイムズ』の記事では、このようなイディオムに使われるほどに英国の文化に深く根ざした tea という飲み物に代わって、珈琲や炭酸飲料が英国人にとっての our cup of tea になりつつある、ということを伝えているのである。

この記事によると、過去二年間で英国における「伝統的紅茶」のティーバッグの売り上げが十六%、ルース・ティー（loose tea: 袋に入っていない茶葉）のそれが九%減少したという。一九九九年には紅茶の総売上が年間七億七百万ポンドだったのに対して、二〇〇四年には六億二千三百万ポンドに落ち込んでいる。ミネラルウォーターや清涼飲料の普及のために紅茶を飲む習慣が若い世代に根付かなかったことが影響していると考えられている。

一方でカフェインを含まないハーブ・ティーやフルーツ・ティーの売り上げは五十%も上昇している。これらは特に若い世代に洗練されたイメージの飲み物として好まれていることに加えて、牛乳と砂糖なしで飲めるため脂肪分と糖分の摂取を避けられるという理由もある。伝統的紅茶は多くの場合牛乳(と砂糖)を入れて飲むため、体重の増加を気にする若者たちに敬遠されたのである。また珈琲の台頭も無視できない要因であろう。確かに二十世紀末頃から英国の主要都市にスターバックスやコスタ、あるいはコフィー・リパブリックやカフェ・ネロといった珈琲店が急速に数を増やし、紅茶よりも珈琲を好む若者が増えていることは事実である。

それでも英国民の八十%は習慣的に紅茶を飲んでいて、この数値は六十五歳以上に限定すると八十五%になる。十五歳から二十四歳では七十五%に留まるが、それでも決して小さい数値ではない。第二次世界大戦が終わって以来、紅茶に限らず様々な英国の「伝統」が衰退していると言われて久しいが、この数値を見る限り紅茶に代表される「伝統」はそれほど柔なものではないように思われる。

TownとCityはどう違うのかという話

英語のtownとcityの違いは何か。多くの人はtownが「普通の町」でcityが「大都市」と考えるであろう。結果的にこれでほぼ正解だ。前者に「町」、後者に「街」という漢字を当てはめて考える人も多い。「町」の原義は「田圃の中の畦道」だからこの字は何となく牧歌的な田舎町の風景を連想させるし、「街」は元来「道が交わる場所」すなわち「十字路」を意味していて、そうなると街道が交わるところは交通の要衝でたいていそこは主要都市なのだから、「街」が意味するのはそれなりに大きな都市なのである。

しかしながら「犬」とdogが必ずしも等号で結ばれるとは限らないように、townと「町」、cityと「街」が完全に対応するというわけでもない。語源学的にはtownの原型はアングロ＝サクソン語（古英語）で「壁で囲われた土地」であり、それが「農地」、「村」、「町」と変化した。一方のcityは古フランス語から英語に入った単語だが、さらに遡れば「市民（がいる場所、状態）」を表すラテン語である。確かに、town の方が牧歌的で、city の方が都会的だ。

話は逸れるが、なぜ「犬」と dog が必ずしも同じでないのかと言えば、「犬」という漢字から普通の日本人は、あるいは少なくとも私は、柴犬か秋田犬、さもなくば雑種の和犬を最初に思い浮かべる。一方で dog という英語が通常英語圏の人の心に喚起するものはまずこれらの種類の「犬」ではない。ちなみに私は dog と言われるとまずボーダー・コリーかゴウルデン・リトリーヴァーをイメージする。さらに言えば、dog には「下劣な男」や「醜女」の意味もあるが、「犬」にこのような意味はない。

というわけで、town と「町」、city と「街」もまたそれくらい異なる場合があるのだ。詳しく知りたければ辞書を「読む」のがよかろう。『ジーニアス英和辞典』第二版（大修館書店）によれば town は「1．町（village より大きく city より小さい）。2．［通例 the ～］（田舎に対して）都会、町なか。3．［通例無冠詞で］（地域の中心となっている）都市。4．［the ～；集合的に；単数・複数扱い］町民、市民；大学町の住民。5．《米》群区。6．《英》定期的に市（いち）が開かれる所。7．ペンギン［プレーリードッグ］の巣が多い所。」である（用例は省略したが、本当は用例も熟読するとよい）。なぜペンギンとプレイリー・ドッグなのかは大いに気になるところだが、それはともかく「1」の定義にもかかわらず town が意外にも「街」のニュアンスを含んでいることがわかった。そう言えばポール・マッカートニーの名曲に「ロンドン・タウン」というのがある（ついでながら、プレイリー・ドッグが集まって地中に巣を作るプレイリー・ドッグ団地のような場所を英語で「タウン」と言うらしい）。

一方 city はといえば、同じく『ジーニアス』によれば「1.（田舎に対して）都市、都会。2.（行政上の正式の）市《米国では州の認可を受けた自治体で county の中の一単位。通例 town より大きい。英国では国王の勅許を得た town で、cathedral を有し bishop がいる》。3.［the ～；集合的に；単数・複数扱い］その市の（全）市民、住民。4.［the C～］シティー《London 旧市内の中心部約一マイル四方の地域。英国の金融・商業の中心地；米国の Wall Street に相当》。（英国の）財界、金融界。」ということである（5と6は形容詞的用法なので省略）。ここで town との違いを考える上では「2」が重要であることがわかるだろう。要するにアメリカ合衆国では city は「政令指定都市（のようなもの）」、グレイト・ブリテンおよび北アイルランド連合王国では「大聖堂があって主教がいる都市」を意味するのだ。従って city は結果的に「大都市」ということになるのである。

ところが話はそれほど単純ではない。この定義からすると、英国ではどんなに大都会であっても大聖堂がなければ city と呼ぶことは出来ず、またいかに小さな町であっても大聖堂さえあればそれはcityということになる。ここで言う「大聖堂」とはチャーチ・オヴ・イングランド（日本語でよく「英国国教会」とか「イギリス国教会」などと呼ばれるがいずれも不正確で、正しくは「イングランド国教会」。かのヘンリー八世が信仰とはまったく異なった次元で政治的に、というより自己都合のために創設した宗派）の大聖堂である。これはイングランドに四十一か所あり、それぞれに主教（bishop）がいて周辺の市町村を「大教区」（diocese）として管轄する。この教区は町村など小さな単位ごとに「小教区」（parish）に分けられ、ひとつの小教区にひとつずつ「教会」（church）がある。スコットランドのcityには長老派の「スコットランド国教会」の大聖堂があり、ウェイルズにも二十世紀初めにイングランド国教会から独立した「ウェイルズ国教会」の大聖堂がある。

大聖堂を持たない大都市には例えばレディング、ダドリー、ノーサンプトン、ルートン、ミルトン・キーンズなどがあり、いずれも二十万人前後の人口を擁する大規模な都市だが、シティとしてのステイタスは持たない。最後に挙げたミルトン・キーンズは一九六〇年代後半に計画的に作られた、いわゆる「ニュータウン」である。米国人紀行作家ビル・ブライソンはこの町を「およそイングランド的でないあらゆるものが見られるところ」と評している。

大聖堂を持つ小さな町と言えば、すぐに思い浮かぶのはウェルズとイーリーである。ウェルズ大聖堂は比較的小さいが美しいイングリッシュ・ゴシック建築の名作である。ここは中世の巡礼地グラストンベリーにも近く、またこの大聖堂の教区には有名な観光都市バースがある。むしろバースの街の中心にある旧修道院の方が大きくて風格があるので、こっちの方がよほど「大聖堂」らしく見える。

一方のイーリーはフェンランズという平坦な沼沢地帯の、例外的に小高い丘の上にある小さな町だ。町の名前は近くを流れるグレイト・ウーズ川に鰻（eel）が多く棲息していたことに由来する。町は小さいがイーリーの大聖堂は荘厳なものであり、周囲を平地に囲まれているためかなり遠くからでもその姿を眺めることが出来る。この大聖堂はフィリッパ・ピアス（一九二〇〜二〇〇六）の小説『トムは真夜中の庭で』の中で、物語の背景として重要な役割を演じている。寒波で凍結したウーズ川をイーリーに向かってトムとハティがスケートで滑る場面ではこの大聖堂が彼らの憧れの象徴であり、また二人が大聖堂の塔に登る場面では塔の階段が彼らの成長を暗示している。この小さな町の大聖堂は「イングランドで最も美しい大聖堂」と言われている。

ところで、英国は「例外」、「不規則性」の国である。英文法は例外ばかりであり（多くの非英語国民はこのために苦労するし、英語国民も実は苦労している）、あの国では街並から庭園様式に至るまであらゆるものが不規則である。先に引用したブライソンがミルトン・キーンズをイングランド的でない町と断定しているのも、この町が一分の隙もなく計画的に規則的に作られているからだ。そして英語の有名な諺に「例外なき法則なし」(There is no rule without exception.)というのがあるほどで、つまり何が言いたいかと言えば、大聖堂を持たない city も英国には確かにあるということである。主教座がなくとも特別に「シティ」のタイトルを与えられた街があり、先に言及したバースもその一つである。私はバースを初めて訪れた際、この街が大聖堂を持たないシティであることを知らなかったので、交差点で City Centre と書かれた道路標識を見るたびに、この街には主教がいるものとばかり思い込み、例の旧修道院を大聖堂だと信じて疑わなかったのだ。あの小さなウェルズ大聖堂がこの世界遺産にもなっている立派な街を管轄しているという事実を知ったのはその数年後のことであった。

南海岸の保養地ブライトンは二〇〇〇年に西隣のホゥヴと合併してシティとしてのステイタスを授与された。現在は the City of Brighton and Hove が正式名称である。ブライトンは十八世紀には上層階級限定のリゾートだったが、十九世紀に鉄道が開通してさまざまな階級の人々が集うようになり、こうしたブライトンの「俗化」を嫌った上流階級と上層中産階級の人々は、いつしか西のホゥヴを好むようになった。今でもホゥヴには引退した上層中産階級の老人が多く住んでいる。それで、ブライトンにはよく知られたジョークがある。ホゥヴを「ホゥヴ・アクチュアリー」に改名することが市議会で審議された、という都市伝説がそれだ。ここに住むスノッブな隠居老人が、「ブライトンにお住まいですか?」と訊かれるたびに決まって不機嫌そうに「いや、実際はホゥヴだが(No, Hove, actually)」と答えるから、それならいっそホゥヴ・アクチュアリーを正式名称にしてしまえ、という話である。

さて、英国が例外の国であることはこれだけに留まらない。国教会の大聖堂があるにもかかわらず、シティのステイタスを与えられていない町がいくつか存在するのである。例えばサリー州の州都でもあるギルフォードは、大聖堂を擁し主教の座があるのにシティではなくタウンであり、そもそもサリー州にはシティが一つもない。ブラックバーン、サウスウェル(サザル)、ベリー・セント・エドマンズ、あるいはウェイルズのブレコンなども、大聖堂を持つタウンだ(紛らわしいことに、ベリー・セント・エドマンズの大聖堂の正式名称はベリー・セント・エドマンズ大聖堂ではなくセント・エドマンズベリー大聖堂である)。北アイルランドにも、ダウンパトリックやエニスキレンなど、国教会の主教座が置かれたタウンがいくつか存在する。

中でも最も悲惨なのはケント州の古都ロチェスターで、ここには古い大聖堂があり、八百年にわたってシティとしてのステイタスを保持していたが、二十世紀末にそれを喪失し、しかも市議会がそのことに気づいたのは世紀を跨いだ二〇〇二年のことであったという。一九九八年に旧ロチェスター市が東隣のチャタム、そのまた東隣のジリンガムと合併した際に、新ロチェスター市の市長がシティとしての勅許を申請するのを忘れたため、ロチェスターは大法官が作成したシティのリストから除外され、しかも市当局がそのことを認識したときにはすでに四年の歳月が経過していた、という間抜けな話である。本稿執筆の時点でもロチェスター市は依然として、シティとしての新たな勅許を与えられていない。

追記：シティのステイタスを失って二十年以上になるロチェスターは、本書最終校の時点でもまだその地位を回復していない。

映画に見る英語表現——『ラヴ・アクチュアリー』

『ラヴ・アクチュアリー』(二〇〇三——リチャード・カーティス監督・脚本)はクリスマスの前後一か月のロンドンを舞台に、普通の人々のささやかな愛の物語が複数同時進行で展開する恋愛映画である。それぞれの物語は共通する登場人物によって絶妙に関連付けられる。冒頭ではヒースロウ空港で再会を喜ぶ人々の幸福そうな姿が映し出され、「僕は密かに感じているのだが、よく探してみれば、愛は実際どこにでもあるとわかるだろう」(If you look for it, I've got a sneaky feeling, you'll find that love actually is all around.)と語り手(ヒュー・グラント)が語る。*Love Actually* というタイトルが意味するのはそういうことだ。

この導入部分に続いて、クリスマスの五週間前から話が始まる。凋落したロック歌手ビリー(ビル・ナイ)は往年のヒット曲 'Love Is All Around' をクリスマス用にリメイクした'Christmas Is All Around'で再起を画策している。これは歌詞の一部をChristmasに書き換えただけの安直な代物で、ビリーは何度やり直しても歌い慣れた歌詞で歌ってしまい、長年の友人でもあるマネージャーのジョウ(グレガー・フィッシャー)が不安そうに見守っている。この'Love Is All Around'はカーティスが脚本を担当した映画『四つの結婚式と一つの葬式』(一九九四―邦題『フォー・ウェディング』)のエンディングに使われた曲で、トロッグズの一九六七年のヒット曲をウェット・ウェット・ウェットが映画用にカヴァーした作品である。

小説家ジェイミー(コリン・ファース)は体調不良の恋人(シエナ・ギロリー――役名不明)を残して一人で友人の結婚式に出かける。妻と死別したダニエル(リアム・ニーソン)は親友のカレン(エマ・トンプソン)に電話で悲しみを吐露する。カレンの娘はクリスマス会で上演するキリスト生誕劇の役が決まったと嬉しそうに報告するが、それは何故か海老《ロブスター》の役だ。

若くして首相に就任したデイヴィッド(ヒュー・グラント)はダウニング・ストリート十番地の首相官邸に入居し、口の悪い冴えない新人メイドのナタリー(マーティーン・マッカチョン)に一目惚れする(以前からそういうタイプが好きだったらしい)。ピーター(チューイテル・エジョウフォー)とジュリエット(キーラ・ナイトリー)の結婚式では、ピーターの親友マーク（アンドリュー・リンカン）がサプライズを仕掛け、聖歌隊・管弦楽団・ギタリスト・歌手（リンデン・デイヴィッド・ホール）を密かに用意して「愛こそはすべて」（'All You Need Is Love'）を演奏させる。この式とその後のパーティの間に急いで帰宅したジェイミーは恋人が自分の弟と浮気している現場に出くわしてしまう。パーティで給仕係を務めるコリン（クリス・マーシャル）は、自分の恋がいつも成就しないのは英国人女性に問題があるからだ、相手が米国人なら上手く行くに違いない、などと友人トウニー（アブダル・サリス）に嘯《うそぶ》く。映画の撮影現場では代役俳優《スタンド・イン》のジャック（マーティン・フリーマン）とジューディ（ジョアンナ・ペイジ）が濡れ場撮影のリハーサルの最中で、助監督と思しきトウニーが現場を取り仕切っている。

一週間後、カレンの夫の広告会社社長ハリー（アラン・リックマン）は、社員のセアラ（ローラ・リニー）が専属デザイナーのカール（ロドリゴ・サントロ）に片想いしているのに気づき、告白するようセアラを焚き付ける。首相官邸では近く来訪する米国大統領を迎える準備が進み、デイヴィッドに紅茶とチョコレート・ビスケットを持って来たナタリーは「あなたが当選することを願っていました。だからと言って対立候補が就任していたとしてもこの仕事の手を抜くつもりはありません。ただチョコレートの入っていない不味いビスケットを出していたでしょう」（I was hoping you'd win, not that I wouldn't have been nice to the other block. I'd just always given him the boring biscuits with no chocolate.）と言う。この台詞には英国ならではの事情が反映されている。英国では消費税に相当する付加価値税（Value Added Tax：略称ＶＡＴ）が生活必需品には課されないが、贅沢品には課される（当時は十七・五％、現在は二十％）。普通のビスケットが生活必需品扱いで無税であるのに対して、チョコレート・ビスケットは贅沢品と看做されて課税される。デイヴィッドのために用意されたチョコレート・ビスケットは「贅沢品」であり、ナタリーの愛情表現なのである。

ジャックとジューディは代役として濡れ場を演じているうちに意気投合してしまう。コリンは米国行きの航空券を手配する。ハリーは秘書ミーアに会社のクリスマス・パーティの用意を頼む。ダニエルは亡き妻の連れ子サム（トマス・ブロウディ＝サングスター）が部屋に引き籠っていることを気に病みカレンに相談するが、継子の心配以前に自分が妻を失った悲しみから未だ立ち直れていない。カレンはダニエルに「しっかりしなさい。泣き虫は嫌われるわよ。そんな風にいつまでも泣いていたら誰も相手になってくれないんだから」（Get a grip. People hate sissies. No one's ever gonna shag you if you cry all the time.）と発破をかける。カレンの台詞にある shag は「性交する」を意味する俗語で、実は「誰も性行為の相手になってくれない」と言っているのだ。この台詞からもダニエルとカレンが性を超越した親友であることがわかる。

セアラはカールに話しかけるチャンスを窺うが、精神を病んでいる弟からの頻繁な電話にいつも邪魔される（セアラの携帯電話の着信音は今世紀の初め頃英国で実によく耳にしたものだ）。デイヴィッドはナタリーの住所を聞き出し、ナタリーは「ウォンズワースの剣呑な場末」（Wandsworth, the dodgy end）と答え、デイヴィッドは「妹がそこに住んでいる」と言う。デイヴィッドの妹は実はカレンであることがこの少し後で判明する。

また一週間が過ぎ、ビリーはテレビ番組に出演して問題発言を繰り返し、周囲を呆れさせる。新婚旅行から帰ったジュリエットは、マークが撮影した結婚式の映像を見たいとせがむが、マークは言葉を濁す。セアラの片想いは進展せず、ミーアは友人マークが勤務する画廊を会社のパーティ会場として借りる。恋人と弟の不義に傷心したジェイミーは一人で南仏の貸別荘に滞在し、家政婦としてポルトガル人女性オーレリア（ルシア・モニス）を家主から紹介される（オーレリアには英語もフランス語も通じない）。

米国から大統領（ビリー・ボブ・ソーントン）が来訪し、首相官邸で会談が行われるが、大統領は英国に対して強硬な姿勢を崩さず、デイヴィッドらは押され気味になる。だが目を離した隙に大統領がナタリーに言い寄っているのを見たデイヴィッドは態度を変え、記者会見で毅然として大見得を切る。この場面の「我々は小さな国かも知れないが、偉大な国でもある。シェイクスピア、チャーチル、ビートルズ、ショーン・コネリー、ハリー・ポッター、デイヴィッド・ベッカムの右足、それを言うならデイヴィッド・ベッカムの左足もだが、とにかくそういうものを誇るべき国だ。我々の国を脅迫するような友好国は、もはや友好国ではない」（We may be a small country, but we're a great one, too. The country of Shakespeare, Churchill, the Beatles, Sean Connery, Harry Potter, David Beckham's right foot, David Beckham's left foot, come to that, and a friend who bullies us is no longer a friend.）という台詞は、二〇一三年に当時のデイヴィッド・キャメロン首相が演説の中で引用したことでも知られる。

そこからまた一週間後、ジェイミーが湖畔の四阿《あずまや》で執筆していると、オーレリアの不注意で原稿が風に飛んで湖に落ちてしまう。慌てた彼女は衣服を脱ぎ捨てて湖に飛び込み、彼も「ああ、何てことだ。飛び込んでしまった。俺も飛び込まなきゃ間抜けだと思われるじゃないか」（Oh, God. She's in. And now she'll think I'm a total spaz if I don't go in too.）と独りごちて慌てて飛び込む（偶然かも知れないが、カーティスの脚本ではコリン・フアースがよく水に飛び込む気がする）。ジェイミーは溺れそうになりながらも「そんなものはどうでもいい。シェイクスピアの原稿じゃないんだから」（It's not worth it. This isn't bloody Shakespeare.）と叫び（最初のItが原稿、後のitが飛び込んで拾うこと）、オーレリアはポルトガル語で、ジェイミーは英語で、「何でコピーを取っておかなかったのよ」「こんなことならコピーを取っておくんだったよ」などと、何故か会話が成立してしまう。この事件を機にそれまでぎこちなかった二人の距離が一気に縮まる。

ジュリエットはマークが撮影した結婚式の動画を見て、親友のピーターではなく自分ばかりを写していることから、マークの自分への想いに気づく。デイヴィッドは大統領とのことを気にしてナタリーを厨房担当に配置転換してしまう。サムの引き籠りは母を亡くした悲しみではなく片想いが原因だったのだが、意中の同級生ジョアンナ（オリヴィア・オウルソン）が近く米国に転居するという。ビリーの歌う姿をテレビで偶然見たサムは、ミュージシャンならどんなに変な奴でも彼女が出来る、自分もバンドで上手に演奏すればジョアンナが好きになってくれるかも知れない（Even the weird ones［musicians］get girlfriends…. If I was in the band and played absolutely superbly, she might fall in love with me.）と考えて、クリスマス会に向けてドラムの練習を始める。ビリーはヒットチャートの一位になったら全裸で歌うと公約する。

会社のクリスマス・パーティでハリーがミーアと踊る姿を見てカレンは二人の関係を怪しむ。セアラもカールと踊ることが出来、二人でセアラの部屋に行くのだが、また弟からの電話が何度も掛かって来て二人は気まずくなってしまう。ハリーとカレンはセルフリッジーズ（百貨店）に行き、ハリーはカレンに隠れてミーアへの贈り物として首飾りを買うのだが、店員（ロウワン・アトキンソン）が念入りに包装し過ぎて時間がかかり、カレンに見られてしまう。内気だったジャックはジューディとなら何でも話せることに気づき、クリスマスを二人で過ごすことを約束する。

そしていよいよクリスマスまであと一週間となる。帰国したジェイミーは語学学校でポルトガル語学習に励む。この学校では大勢の受講生がヘッドセットを使っていろいろな言語を同じ教室で学んでいるが、英語学習者が復唱している例文が面白い。「シャーロック・ホウムズは本物の探偵ではありません」（Sherlock Holmes is not a real detective.）、「チャーリーを半パイント下さい」（I would like half pint of Churly.）、「（地下鉄の）一日券を下さい」（I would like a One-Day Travelcard.）、「ミルトン・キーンズには円形交差点がたくさんあります」（Milton Keynes has many roundabouts.）など、どれも英国文化や英国での日常生活を微妙に反映している（一日券を買う時にはどの範囲まで有効のものかを言わなければならないのだが)。

渡米したコリンはミルウォーキー(ウィスコンシン州)に降り立ち、適当なバーに入ってバドワイザーを注文すると、Budweiser の発音から彼が英国人だと気づいた地元の女性が近づいて来る。そのステイシーとジニー、そして遅れて店に入って来たキャロル＝アンは、コリンが夢にまで見た「英国人男性を好む米国人女性」だったのだ。彼女らはコリンを囲んですっかり盛り上がり、「あれは何?」とビール瓶を指差して訊くとコリンが Bottle と、「これは?」とストローを指差して訊けば Straw と、答えるたびにその発音に酔い痴れる(イギリス英語では t がより強く発音される)。次に三人がテーブルを指して「これは?」と訊いてコリンが Table と答えると、三人は声を揃えて「何だ、同じじゃない」(Oh, it's the same.)とがっかりして言うのだが、この間が絶妙で面白い(語頭の t の音はイギリス英語でもアメリカ英語でも変わらない)。彼女らの家に招かれたコリンは、さらに英国人好きのハリエットも加わって、甘美な夜を過ごす。カレンはハリーがセルフリッジーズで買った贈り物が自分へのものでなかったと知って悲しむ(カレンに贈られたのはジョニ・ミッチェルのCD)。サムは部屋に引き籠ってドラムの独習を続ける。

そしてクリスマス前夜《イーヴ》となる。ビリーの歌はヒットチャートの一位に輝き、エルトン・ジョン（画面には登場せず）からクリスマス・パーティに招待される。ジャックとジューディは二人で楽しい時間を過ごした後、別れ際にジューディは「私がクリスマスに欲しいものは貴方だけ」（All I want for Christmas is you.）と、マライア・キャリーの曲の歌詞とタイトルのような台詞を囁く。カールとすっかり気まずくなってしまったセアラは弟が収容されている施設を訪問する。マークは聖歌隊という体でピーターとジュリエットの新居を訪れ、ピーターに気づかれないように玄関先でジュリエットに気持ちを打ち明ける（声には出さず、大きく To me you are perfect. と書いた画用紙を掲げ、それから And my wasted heart will love you until you look like this. と続けて、ミイラ化した女性の絵を見せる）。ジェイミーは甥や姪への贈り物を抱えて実家に帰るものの、着いた刹那に思い直してオーレリアに求婚するために南仏に飛ぶ。

デイヴィッドはナタリーからのクリスマス・カードを見て急に会いたくなり、公用車で「ウォンズワースの剣呑な場末」に向かうが、番地を聞いていなかったので延々と続くテラスハウスを一軒ずつ訪問することになる。ジェイミーの実家も実はこの通りにあり、彼が去って寂しがっていた姪たちに乞われてデイヴィッドは仕方なくクリスマス・カロルを歌う。何軒目かに訪れたミーアの家でナタリーは隣だと教えられ、隣を訪ねるとナタリーと家族一同は小学校のクリスマス会に出かけるところだった。デイヴィッドは二人で話すためにナタリーを（生誕劇で蛸を演じる従弟も一緒に）公用車に乗せて小学校に向かい、目立たない場所で話すべく舞台裏に向かう。その途上カレンと廊下で出くわし、しばし再会を喜ぶ。ジョアンナがマライア・キャリーの名曲「恋人たちのクリスマス」（'All I Want for Christmas Is You'）を歌い、サムがドラムを叩く。演奏が成功裏に終わると、舞台裏で抱擁していたデイヴィッドとナタリーに思いきりスポットライトが当たってしまい、二人は衆目に晒され喝采を浴びる。ダニエルはこのクリスマス会で、憧れの女優クラウディア・シファーに瓜二つのキャロル（クラウディア・シファー）と知り合う。

サムはジョアンナに告白できないままクリスマス会は終わり、ジョアンナは家族とともにその足で空港に向かい出国することになっているという。ダニエルは躊躇するサムを励まし、「失うものは何もない。告白しなければ一生後悔する」（You've got nothing to lose and you'll always regret it if you don't.）と説く。ここまで言うのは自分が亡き妻に十分に愛を告げなかったことを後悔しているからだと、彼は続けてサムに語る（I never told your mum enough. I should have told her every day because she was perfect every day.）。ダニエルはサムを車に乗せ、近道して空港に急ぐが、既にジョアンナらは搭乗ゲートに向かった後だった。サムは出国審査ゲートを通り抜けようとして係員に制止されたが、そこに現れた搭乗客（ロウワン・アトキンソン――百貨店店員と同一人物）が搭乗券を提示するのに手間取っている隙にそこをくぐり抜けて搭乗ゲートに辿り着き、係員がテレビ画面（全裸で歌うビリー）に気を取られている隙にジョアンナに告白し、サムの片想いは成就する。この場面はジェイミーの求婚の場面と並行して交互に展開する。

最後にクリスマスの一か月後のヒースロウ空港の場面があり、ここでまた再会を喜ぶ人々が映る。ジュリエット、ピーター、マークの三人はオーレリアを伴って帰国したジェイミーを出迎える。コリンはハリエットを連れて帰国し、付いて来たハリエットの妹カーラはトウニーに一目惚れする。ジョアンナも米国から戻り、サムと再会を果たす。ダニエルとキャロルも仲睦まじくなっている。ジャックとジューディは新婚旅行に出発する。この場面に語りはなく、ビーチ・ボーイズの名曲「神のみぞ知る」（'God Only Knows'）の「君がいなければ僕はどうなってしまうのか、それは神のみぞ知ること」（God only knows what I'd be without you）というフレーズが繰り返される。

タイトルと冒頭の語りで暗示されている通り、日常のありふれた場面も実は愛で満ち溢れているということと、クリスマスは実際そのことを確認する機会であるということを、この映画は一貫して伝えている。これはまた優れて英国的な映画であると言えよう。登場人物は（ポルトガル人のオーレリアや数名の米国人などを除いて）その多くが典型的な英国人であり、例えばデイヴィッドがナタリー宅を訪ねる場面や、小学校の廊下でデイヴィッドとカレンが鉢合わせする場面で、いちいち双方の同伴者を丁寧に紹介するところも極めて英国的であるし、「ウォンズワースの剣呑な場末」の住宅街の長い通りの両側に途切れることなく縦列駐車された車の連なりも、英国の郊外で必ず見かける風物である。このようにこの映画には英国の日常生活によくある光景が散りばめられている。

そして何と言っても、これほど大勢の英国の名優が一堂に会している映画はちょっと珍しい。ヒュー・グラントとコリン・ファースは文芸映画でも恋愛コメディ映画でも双璧を成す存在であるし、キーラ・ナイトリーは『高慢と偏見』のエリザベスや『私を離さないで』のルースの名演で名高い。『ハリー・ポッター』映画のファンにとってエマ・トンプソン、アラン・リックマン、ビル・ナイはトリローニー先生、スネイプ先生、ルーファス・スクリムジャーだ。リアム・ニーソンは『シンドラーのリスト』のシンドラー、『ロブ・ロイ』のロブ・ロイ、『マイケル・コリンズ』のマイケル・コリンズなど数々の名作映画の主役を演じているのみならず『ナルニア国物語』のアスランや英語版『崖の上のポニョ』のフジモトの声も担当している。そしてカーティスの親友でもあるロウワン・アトキンソンはミスター・ビーンやブラックアダー、それにジョニー・イングリッシュでお馴染だ（ミスター・ビーンとブラックアダーの脚本の一部はカーティスが書いている）。

『ラヴ・アクチュアリー』の十三年後を描いた『レッド・ノウズ・デイ・アクチュアリー』（二〇一七）という短編映画もある。レッド・ノウズ・デイ（赤鼻の日）はカーティスが一九八五年に喜劇役者レニー・ヘンリーと設立したエチオピア飢饉救済のための慈善団体「コミック・リリーフ」のチャリティー・イヴェントで、毎年三月に行われる。この短編映画はその宣伝のために制作されたもので、最後に You can *actually* save and change kids' lives. というメッセージが映し出される。

ミスター・メンとリトル・ミス――英語キャラクター絵本の人気シリーズ

ロジャー・ハーグリーヴズの絵本『ミスター・メン』（*Mr. Men*）シリーズは、一九七一年にその第一作『ミスター・ティックル』*Mr. Tickle* が出版されて以来、二〇二一年の時点で全五十一作を数え、絵本ばかりでなく様々なキャラクター商品も、英語圏のみならず世界中で人気を博している。絵は単純な線と鮮やかな色彩で描かれ、各巻のタイトル（＝主人公の名前）がそのままその主人公の性格、特質を表す。例えばミスター・ノイズィー（Mr. Noisy）はとても五月蠅《うるさ》く、ミスター・レイズィー（Mr. Lazy）は怠け者で、ミスター・フォゲットフル（Mr. Forgetful）は忘れっぽく、ミスター・ロング（Mr. Wrong）は間違えてばかりいる。

ハーグリーヴズはウェスト・ヨークシャー州のクレックヒートンで洗濯屋を営む両親の許に生まれ、高校を卒業して一年間家業を手伝ったのち、近隣のブラッドフォードの広告会社にコピーライターとして就職し、数年後にロンドンの広告会社に移った。

絵本の文章にも短いセンテンスと単純な言葉が効果的に使われているが、このような技法はおそらくコピーライターとして活躍していた時代に培われたのであろう。ロンドン時代のある日、会社での会議中に、ハーグリーヴズは手が異様に長い男の絵を書類の余白に落書きしていた。その絵がことのほか上手く描けたので、自宅に持ち帰り長男のアダムに見せたところ、アダムは「この人にくすぐられたらどうなるだろう?」と言ったらしい。

こうして処女作『ミスター・ティックル』が出来上がったという。同時に、人並外れた大食漢の物語『ミスター・グリーディー』*Mr. Greedy*、いつも楽しい『ミスター・ハッピー』*Mr. Happy*、詮索好きな『ミスター・ノゥズィー』*Mr. Nosey*、くしゃみばかりしている『ミスター・スニーズ』*Mr. Sneeze*、ぶつかってばかりいる『ミスター・バンプ』*Mr. Bump* の五編も出版された。三年後には雪だるま(snowman)の『ミスター・スノウ』*Mr. Snow*、散らかしてばかりいる『ミスター・メッスィー』*Mr. Messy*、何でも反対にしてしまう『ミスター・トプスィー゠ターヴィー』*Mr. Topsy-Turvy*、馬鹿なことばかりする『ミスター・スィリー』*Mr. Silly*、傲慢な成金の『ミスター・アピティー』*Mr. Uppity*、とても小さな『ミスター・スモール』*Mr. Small* の六編が加えられ、この頃から『ミスター・メン』というシリーズ名で呼ばれるようになった。

たとえば第二十六巻『ミスター・ストロング』*Mr. Strong* は以下のような話だ。ミスター・ストロングは世界最強で（Mr. Strong is the strongest person in the whole wide world.）、とても怪力なので鉄棒を素手で曲げることが出来るだけでなく、鉄棒に結び目を作ることが出来る（He is so strong he can not only bend an iron bar with his bare hands, he can tie knots in it.）。ミスター・ストロングの力の源はタマゴで、彼の朝食は前菜がタマゴ、メインディッシュもタマゴ、そしてデザートもタマゴである。朝食の後、歯を磨こうとしても、力が強すぎて歯磨き粉を一度に全部チューブから絞り出してしまい、歯ブラシを折ってしまう（And, as usual, he squeezed all the toothpaste out of the tube. And, as usual, he cleaned his teeth so hard he broke his toothbrush. Mr Strong gets through a lot of toothpaste and toothbrushes!）。ミスター・ストロングは外出しようとして家の扉を破壊してしまう。木にぶつかると木の方が折れてしまい、道で車に撥ねられると車の方が大破してしまう。しばらく行くと彼は火事で炎上している農場に行き着く。彼は農場の納屋を地面から引き抜き、それを担ぎ上げて川へ行き、水を汲んで一気に火を消すことに成功する。農場主から礼としてたくさんのタマゴをもらってミスター・ストロングは家に帰り、扉や椅子やテーブルを破壊しながら昼食の支度をする。昼食もまた前菜がタマゴ、メインがタマゴ、そしてデザートは、というところで、最後に意外なオチが用意されている。

最初の六巻が出版されて十年を経た一九八一年に、今度は女の子のキャラクター『リトル・ミス』シリーズが始まった。『リトル・ミス・ボッスィー』*Little Miss Bossy* は人に命令ばかりしている仕切り屋の少女が主人公で、『リトル・ミス・ノーティー』*Little Miss Naughty* の主人公は悪戯ばかりしていて、『リトル・ミス・ヘルプフル』*Little Miss Helpful* は人の手伝いが大好きな少女の話だ。他にも恥ずかしがり屋の『リトル・ミス・シャイ』*Little Miss Shy* やおしゃべりな『リトル・ミス・チャターボックス』*Little Miss Chatterbox*、遅刻ばかりする『リトル・ミス・レイト』*Little Miss Late*、双子の『リトル・ミス・トゥインズ』*Little Miss Twins*、賢い『リトル・ミス・ワイズ』*Little Miss Wise*、頑固な『リトル・ミス・スタボーン』*Little Miss Stubborn* など全部で四十巻以上がある。

たとえば第五巻『リトル・ミス・タイニー』*Little Miss Tiny* を見てみよう。このとても小さな少女は、農場のダイニングルームの壁にネズミが空けた小さな穴の中に住んでいるが、小さすぎて誰にも気づいてもらえず、孤独な生活を強いられている（The trouble was, because she was so tiny, nobody knew she lived there. Nobody had noticed her. Not even the farmer and his wife. So, there she lived. All alone. With nobody to talk to. She was very lonely. And sad.）。ある日、友達を探しに彼女は外に出るが、豚も猫も大きすぎて怖いので友達になることが出来ない。そこへ、農場にタマゴを買いに来たミスター・ストロングが登場し、リトル・ミス・タイニーに何人かの友達を紹介する。ミスター・ファニー（Mr. Funny）は面白いジョークで彼女を楽しませ、ミスター・グリーディーは好きな料理のレシピを彼女に教え（分量を百分の一にすることも付け加えて）、ミスター・スィリーも馬鹿なことをして彼女を笑わせる。だが彼女の最もよい友達になれたのは、他ならぬミスター・スモールだった。

ハーグリーヴズは一九八八年九月に脳卒中のため五十三歳で急逝した。彼の死後、長男アダムがこのシリーズを引き継いで、『ミスター・クリスマス』や『リトル・ミス・バースデイ』といった作品を書いている（英国のシリーズ化された絵本としてミスター・メン、リトル・ミスと人気を二分する『機関車トーマス』シリーズもまた、作者の息子が後を継いで書き続けている）。すでにミスター・メン、リトル・ミスともにBBCによってアニメイション化されていて、またキャラクター商品としてはぬいぐるみや文房具、Tシャツやスナック菓子はもちろんのこと、女性用の下着まであったりする（リトル・ミス・シャイとリトル・ミス・ノーティーの二種類があるらしい）。

書店をめぐる日英比較文化論

数年前、確か熊本市内の大規模な書店で、留学生と思しき若い外国人女性に「村上春樹はどこにありますか？」と流暢な日本語で訊かれた。「私は店員ではありません」と答えようかとも思ったが、日本語の流暢さと村上春樹への関心に好感を持ち、村上作品があると思われるところへ案内した。日本の書店では文庫（村上作品の多くは文庫化されている）はたいていの場合、作家別ではなく出版社別に並べられている。『世界の終りとハードボイルド・ワンダーランド』や『ねじまき鳥クロニクル』あるいは『海辺のカフカ』といった代表作は新潮文庫にあるので（当時はなかったが『1Q84』もそうだ）、新潮文庫の「む」の棚に彼女を連れて行ったが、『風の歌を聴け』や『羊をめぐる冒険』、『ノルウェイの森』や『ダンス・ダンス・ダンス』などは講談社文庫なので、新潮文庫の棚に向かう途中で講談社文庫の棚の前を通り、「ここにもいくつかありま す」と言っておいた。

そのときに思ったのだが、英国の書店ならこのような配慮は不要である。まずペイパーバックの「フィクション」のコーナーに向かい、「M」の区画に出版社を問わずすべての村上の小説が並べられている。だが一方で、日本の書店の分類方法なら『海辺のカフカ』と同じ棚に『村上ラヂオ』、『村上朝日堂』、『職業としての小説家』といった小説でない本もある。『ノルウェイの森』の近くには『遠い太鼓』、『アンダーグラウンド』、『やがて哀しき外国語』などがある。英国の書店ならこれらの作品は「ノン・フィクション」に分類され、同じ作家の作品であっても小説とは別なコーナーに置かれる。例えばグレアム・グリーンの『ブライトン・ロック』と『失われた幼年時代』、ジョージ・オーウェルの『一九八四年』と『カタロニア讃歌』、E・M・フォースターの『ハワーズ・エンド』と『民主主義に万歳二唱』、ヴァージニア・ウルフの『灯台へ』と『私だけの部屋』はまったく別な場所に配置されるのである。

確かに日本ではフィクションとノン・フィクション、小説と随筆の境界が曖昧である。国木田独歩の「武蔵野」は小説とは言い難いが、佐藤春夫の『田園の憂鬱』は小説であろう（ついでながら、この小説の舞台はどこか辺境の「田園」のように思えるが、今なら東急田園都市線市が尾駅から北にバスで数分のところだ）。島崎藤村の『千曲川のスケッチ』はこの曖昧な境界線より少し随筆側に位置しているように見えるが（これは藤村が詩から小説に転向する直前の「習作」と位置づけられている)、中勘助の『銀の匙』はどうか。もちろん英国にも小説か随筆か分類し難い作品があって、例えばケネス・グレイアムの『黄金時代』と『夢の日々』は『銀の匙』を髣髴させる幼年時代の追想記であり、ローリー・リーの『ロウジィと林檎酒を』もこのジャンルに属する。英国の書店でこれらの本がどこに置かれていたかは俄に思い出せないので、次に行ったときに確認したい。ジョージ・ギッシングの『ヘンリー・ライクロフトの私記』は内容的には随筆のようだが、ヘンリー・ライクロフトという架空の人物の遺稿という設定なのでこれは小説に違いない。ジェロウム・K・ジェロウムの『ボートの三人男』は旅行案内を兼ねた随筆のつもりで書かれたが、結果的にユーモア小説の名作となった。

フィクションとノン・フィクションの分類の他にも英国の書店には日本の書店に見られない特徴がいくつかある。ノン・フィクションの下位区分として「伝記(Biography)」が広いスペースを占めていることもその一つである。日本で伝記と言えば多くの人が小学校の図書室を連想するような気がするが、英国では例えばサミュエル・ジョンソンの『英国詩人伝』、ジェイムズ・ボズウェルの『サミュエル・ジョンソン伝』、エリザベス・ギャスケルの『シャーロット・ブロンテの生涯』、リットン・ストレイチーの『ヴィクトリア時代の偉人たち』、ハロルド・ニコルソンの『ジョージ五世」など、文学的評価の高い伝記の例は枚挙に暇がない。これはよく指摘されるように、「人間とは何か」などという観念論よりも実在した人間の個別の経験に関心を持つという国民性が影響しているらしい。

英国の書店では「紀行文（Travel Writing）」のコーナーも目を引く。日本にも『土佐日記』や『奥の細道』といったこの分野の古典的名作があるが、書店に紀行文の棚があるとしても旅行ガイドの棚ほど広くはない。英国では古くはダニエル・ディフォウの『英国全土紀行』、ジョンソンの『スコットランド西方諸島への旅』、ウィリアム・コベットの『田園騎行』、チャールズ・ディケンズの『イタリアの面影』、イザベラ・バードの『日本奥地紀行』などの名著があり、近年でもマイケル・ペイリンやビル・ブライソンといった紀行作家が活躍している。英国ではルネサンスの頃から大陸大旅行（Grand Tour）という習慣があり、十八世紀末には他国に先駆けて国内旅行が流行した。旅と文学は英国が得意とする組み合わせなのであろう。

シャーロック・ホウムズやミス・マープルに代表されるように英国は推理小説の国でもあるが、ノン・フィクションに「犯罪（Crime）」という下位区分があり、クロード・デュヴァルやディック・ターピン、あるいは切り裂きジャックなど伝説の犯罪者や歴史上の様々な犯罪についての本が並んでいる。政治的に安定していて警察が信頼されていて、このような犯罪が特殊な例外として注目されるような国でなければ、この種の本が好まれることもないであろう。

このように、どこの国でも（あるいはどこの町でも）書店の品揃えはそこに住む人々の関心を如実に反映する。よその土地に行ったらまず書店に入ってみるとよい。近年は書店もひと頃より随分少なくなったが、文化の指標としての書店に存続してもらうためにも、本はなるべくインターネットではなく書店で買いたい。

おわりに——英語の不規則性など

英国のカリズマ言語学者デイヴィッド・クリスタルが名著 *Spell It Out*（二〇一二）で面白い例文を挙げている。Though the rough cough and hiccough plough me through, I ought to cross the lough.（ひどい咳と吃逆《しゃっくり》に苛まれていたが、私は湖を渡らなければならなかった）がそれだ。意味は特に重要ではない。重要なのは though、rough、cough、hiccough、plough、through、ought、lough という単語が並んでいることだ。この八つの単語の -ough はすべて発音が異なる、ということを指摘するための例文なのであり、それは英語の綴りと発音の関係の不規則性を指摘するための実例に他ならない。

このような不規則性を論《あげつら》う文脈で、それならば fish の綴りは ghoti でもいいではないか、と言ったのは『マイ・フェア・レイディ』の原作『ピグメイリオン』で知られる劇作家ジョージ・バーナード・ショーであった（ショーが広めただけで言い出したのは別人という説もあるらしい）。これはつまり、gh は例えば enough では f 音、o は women ではi音、tiはnationではsh音なのだから、ghotiと綴ればfishと読める、という話だ。これについてクリスタルは、同じ著書において、tiは語尾ではshにはならず、ghも語頭でfになる例はなく、したがってghotiはfishとは読めない、と反論しているのだが、いずれにせよ英語の綴りはそれほど不規則だということである（ついでながら、原作『ピグメイリオン』の結末ではイライザはヒギンズ先生と結ばれない）。

英語を学んでいて、覚えにくい綴りや綴りからは予測不可能な発音に苦労した経験は、誰にでもあると思う。だがこのような不可解さは英語の面白さの一側面でもある。地名の話で取り上げられなかったのでここでいくつか紹介したいのだが、英国は変な綴りの地名の宝庫だ。例えばノーフォーク州のヘイズバラはHappisburgh、デヴォン州のウルザリー（ウルズィとも）はWoolfardisworthy、チェシャー州のチャムリーはCholmondeleyと綴る。ケント州のリムはLympne、ドーセット州のパノルはPuncknowleだから、綴り字の半数が黙字ということになる。シュロップシャー州のラチャップ（Ratlinghope）やラナークシャー州のレンストリー（Ravenstruther）に至ってはもう笑うしかない。こういう地名を知ると私は用がなくても遥々その町や村を訪ねてしまうのだが、そういう無駄なことをしている時には必ずと言っていいほど、予想もしない美しい風景や興味深い歴史、あるいは良いパブや古書店に出会ったりする。

本書は主に学生向けのニューズレターや小冊子に掲載した雑文に書き下ろしを何編か加えて編纂したものである。愛知大学に奉職していた頃、語学教育研究室で年二回発行していた『語研ニュース』のために執筆したものが多い。ここにはほぼ毎号何かしら書いていたし、自分が編集を担当していた時期には原稿の集まりが悪いと複数の雑文を投稿していた。また、この『語研ニュース』には「海外最新事情」というコーナーがあり、その英国編を毎回書いていたので、そのいくつかをコラムとして収録した。書いてから年月を経た文章も多く、中には前世紀のものも含まれているので、書き換えても文脈に支障がない箇所は可能な限り改訂した。

本文では触れていないが、シェイクスピアのソネットの「美しい人」のモデル（の一人）とされる第三代ペンブルック伯爵は、オクスフォード大学ボドリアン図書館の入口にある銅像の人である（若き日の姿ではないのだが）。「死にかけている人が何事もないかのように起き上がって談笑している状態」を意味するジョーディ方言 fey については、その後有力な情報を得られていない。ディズニー映画『メリー・ポピンズ』がなぜ原作『メアリー・ポピンズ』に対する冒瀆であるのかについては、長い話になるのでここでは触れないが、関心のある方には拙論「ディズニーの功罪」（『文学論叢』第

134号、愛知大学文学会、2006)をご高覧いただければと思う。原作を読んでから映画を観た方には共感していただけると信じたい。ウェイルズの長い地名 Llanfairpwll-gwyngyllgogerychwyrndrobwllllantysiliogogogoch のカタカナ表記は二通りが混在しているが、どちらも「強いてカタカナで表記すれば」という程度のもので、どちらがより原音に近いとも言い切れないので、敢えて統一しなかった。ローリー・リーの『ロウジィと林檎酒を』が英国の書店でどのジャンルに分類されているかという問題は、オクスフォードの老舗書店ブラックウェルズ(ボドリアン図書館の斜向かいにある)で探したところ、「作家の伝記」(Literary Biography)の棚にあった。

以前から構想していた英語や英国文化について書いた文章を集めた本を、このような形で実現できたのは平凡社の野崎真鳥さんのお蔭です。私があちこちに書き散らした雑文の取捨選択や章の構成、それに書き下ろしのテーマなどは、すべて野崎さんのご提案によるものです。本書の装丁と各章の扉頁には谷山彩子さんが挿絵を描いて下さり、本書の帯には以前から翻訳やエッセイを愛読している鴻巣友季子さんが推薦文を書いて下さったことを、大変うれしく思っております。「虹の覚え方」は当初 Richard of York goes battling in vain. と書いていたのですが、gave battle の方が一般的で

goes battling というのは見たことがない、と教えて下さったのは現任の大学の同僚で詩人でもあるポール・ハラー氏です。ジョーディ方言 fey についての地元出身者からの情報は、三十年近く前からの友人の福田二郎氏（駿河台大学名誉教授）のご厚意によるものです。ヴァージン・アトランティック航空の広告文 Fly Virgin も当初は、fly が動詞で Virgin が副詞、それで「ヴァージンで飛べ」という命令文、と説明していたのですが、大学院の先輩でもある大木理恵子氏（白百合女子大学キリスト教文化研究所所員）のご指摘で fly の他動詞用法「（特定の航空会社の便で）飛ぶ」について知りました。Llan- の発音についてご教示下さったウェイルズに詳しい音声学者とは、やはり三十年近く前からの友人で今は大学の同僚でもある佐藤努氏です。それから、ここに集めた文章はいずれも発表後に大幅に加筆しているのですが、それは学生や同僚、また異業種を含めた多くの友人からの反響を踏まえての改訂であることをここに書き留めて置かなければなりません。この場を借りて皆様にお礼を申し上げます。

二〇二二年九月六日

安藤 聡

チェシャー州の村チャムリー

第4章　英国文化は英語表現に学べ

倫敦地下鉄広告――コピーに見る英国的ユーモア……『語研ニュース』第5号、2001

コラム　オクスフォード・コンマ……書き下ろし

英国のスーパーストアに見る階級事情……『語研ニュース』第17号、2007

ジョージ・オーウェル的紅茶道……『語研ニュース』第10号、2004

コラム　紅茶文化の衰退……『語研ニュース』第13号、2005

TownとCityはどう違うのかという話……『語研ニュース』第6号、2002

映画に見る英語表現――『ラヴ・アクチュアリー』……書き下ろし

ミスター・メンとリトル・ミス――英語キャラクター絵本の人気シリーズ……『語研ニュース』第17号、2007

書店をめぐる日英比較文化論……『大妻比較文化Cariope』第7号、2017

初出一覧

第1章　奇妙なイギリス英語の世界

虹の覚え方、あるいは薔薇戦争……『語研ニュース』第21号、愛知大学名古屋語学教育研究室、2009
最も長い英単語……『語研ニュース』第13号、2005
試験に絶対出ない英単語……『語研ニュース』第16号、2006
蝶と蛾——単語の「境界」をめぐる比較文化……『語研ニュース』第19号、2008
スプーナーとスプーナリズム——言い間違いが生み出す笑い……『語研ニュース』第12号、2004
英語の辞書に関する無駄話三題……書き下ろし
コラム　少年たちのための読書案内……『語研ニュース』第17号、2007

第2章　一筋縄では行かない発音の話

クイーンズ・イングリッシュへの裏道……『語研ニュース』第14号、2005
Estuary English——近頃の若い者の英語……『語研ニュース』第11号、2004
コラム　クールな発音、クールでない発音……『語研ニュース』第20号、2008
英国の方言——デヴォン編……『語研ニュース』第9号、2003
英国の方言——リヴァプール編……『語研ニュース』第16号、2006

第3章　英語で旅する英国

英国の地名——イングランド編……『語研ニュース』第3号、2000
英国の地名——スコットランド、ウェイルズ編……『語研ニュース』第4号、2001
コラム　植えてはいけない帰化植物……『語研ニュース』第11号、2004
ピーター・ラビットが残した風景——ビアトリクス・ポターと湖水地方……『新英語教育』第310号、三友社、1996
エクセター文学紀行……『語研ニュース』第8号、2003
アルカディアは「理想郷」か……『大妻比較文化Cariope』第8号、大妻女子大学比較文化学会、2019
コラム　地球温暖化が伝統的ファーストフードに及ぼす影響……『語研ニュース』第13号、2005

安藤 聡（あんどう さとし）

明治学院大学文学部英文学科教授。東京都出身。明治学院大学文学部英文学科卒業、同大学院博士後期課程満期退学。博士（文学）（筑波大学）。愛知大学教授、大妻女子大学教授を経て現職。おもな著書に『ウィリアム・ゴールディング——痛みの問題』（成美堂）、『ファンタジーと歴史的危機——英国児童文学の黄金時代』『ナルニア国物語解読——C.S.ルイスが創造した世界』『英国庭園を読む——庭をめぐる文学と文化史』『ファンタジーと英国文化——児童文学王国の名作をたどる』（以上、彩流社）、『英国ファンタジーの風景（大妻ブックレット2）』（日本経済評論社）、『ジョンソン博士に乾杯——英米文学談義』『文学に飽きた者は人生に飽きた者である』『現実と言語の隙間——文学における曖昧性』（以上、共編著、音羽書房鶴見書店）など。

英文学者がつぶやく
英語と英国文化をめぐる無駄話

発行日　2022年10月5日　初版第1刷
　　　　2023年 9 月 1 日　初版第2刷

著　者　安藤 聡
発行者　下中順平
発行所　株式会社平凡社
〒101-0051　東京都千代田区神田神保町3-29
電話　(03) 3230-6593 [編集]
　　　(03) 3230-6573 [営業]

印刷・製本　中央精版印刷株式会社
デザイン　松田行正、杉本聖士
イラスト　谷山彩子

ISBN978-4-582-83912-8
平凡社ホームページ https://www.heibonsha.co.jp/